Ullstein

D1640734

ÜBER DAS BUCH:

Es gibt Formen der Meditation, die darauf zielen, die Empfindung von Vertrauen und Wohlbefinden im Alltag zu fördern, während andere sich darauf konzentrieren, veränderte Bewußtseinszustände herbeizuführen, um die gegenwärtige Welt zu transzendieren oder um Fähigkeiten zu entwickeln, die dem Wohl der Menschen nützlich sein können.

Die Anleitungen in diesem Buch konzentrieren sich auf die höchste Meditationsform von allen, die ›klare, reine Meditation‹, einen Zustand höchster Objektivität und Wahrheit, der den Ausübenden befähigt, alle anderen Formen der Meditation frei und bewußt, ohne Fixierung, Zwang und Manie, zu benutzen. Die Texte entfalten eine breites Spektrum von Themen:

- Übung und Praxis der Basis-Meditation
- Techniken zur Verbesserung der Konzentration
- Wie Probleme korrigiert werden können, die während der Meditation entstehen
- Unterschied zwischen plötzlicher und stufenweiser Praxis der Erleuchtung
- Übung und Praxis der Zen- und Koan-Meditation.

DER HERAUSGEBER:

Thomas Cleary, geboren 1949 in den USA, studierte Ostasiatische Sprachen und Kulturen an der Kyoto University und Harvard University, wo er auch promovierte. Während seines mehrjährigen Aufenthaltes in Japan vertiefte er sein Wissen um Buddhismus, Taoismus und Konfuzianismus sowie seine Sprachkenntnisse: Er beherrscht neben Japanisch auch Chinesisch, Sanskrit und Arabisch. Aus diesen Sprachen hat er mehr als 30 Bücher übersetzt und herausgegeben. Er gilt als einer der versiertesten Kenner und Übersetzer chinesischer und japanischer Philosophie.

Thomas Cleary (Hrsg.)

Das Auge des Geistes

Vom Einstieg in die Basis-Meditation

Aus dem Amerikanischen von
Konrad Dietzfelbinger

Ullstein

Ullstein Buchverlage GmbH & Co KG,
Berlin
Taschenbuchnummer: 35734
Titel der Originalausgabe:
Minding Mind. A Course in Basic Meditation
Aus dem Amerikanischen von Konrad Dietzfelbinger

Deutsche Erstausgabe
März 1998

Umschlagentwurf:
Vera Bauer
Unter Verwendung einer Abbildung von
Stock Imagery / Bavaria
Alle Rechte vorbehalten
© 1995 by Thomas Cleary
Published by arrangement with Shambhala Publications,
Inc., P.O. Box, Boston MA 02117
© der deutschen Übersetzung 1998 by Ullstein Buchverlage GmbH, Berlin
Printed in Germany 1998
Gesamtherstellung:
Clausen & Bosse, Leck
ISBN 3 548 35734 2

Die Deutsche Bibliothek – CIP-Einheitsaufnahme

Das Auge des Geistes: vom Einstieg in die Basis-Meditation/
Thomas Cleary (Hrsg.). Aus dem Amerikan. von Konrad
Dietzfelbinger. – Dt. Erstausg. – Berlin: Ullstein, 1998
(Ullstein-Buch; 35374)
Einheitsacht.: Minding mind <dt.>
ISBN 3-548-35734-2

Inhaltsverzeichnis

EINLEITUNG 7

CHAN-MEISTER HONGREN
Abhandlung über das Höchste Fahrzeug 15

CHAN-MEISTER CIJIAO VON CHANGLU
Modelle für eine Meditation im Sitzen 29

CHAN-MEISTER FOXIN BENCAI
Richtlinien zur Meditation im Sitzen 33

ZEN-MEISTER DŌGEN
Allgemeine Empfehlungen zur Meditation im Sitzen 35

SON-MEISTER CHINUL
Geheimnisse der Arbeit am Bewußtsein 39

ZEN-MEISTER EJŌ
Aufgehen im Lichtschatz 66

MAN-AN
Gespräch über die Grundlagen des Zen 95

ANMERKUNGEN 118

Einleitung

Das äußerst schwer ergründliche,
Das heimlich tief verborgene,
Das jedem Wunsch gefüge Herz,
Das, Weise, nehmt in gute Acht:
Nur wohlgewahrt erwirkt es Heil.
       – Dhammapada

Der Weise bedient sich besonnen des Denkens,
sich gründend auf dessen Wesen.
Mit Hilfe des Geistes
vollendet er, was er begonnen hat.
Also schläft er ohne Träume
und wacht ohne Sorgen.

          – Huainanzi

Der Mensch praktiziert bewußte Arbeit am Bewußtsein seit Tausenden von Jahren. Dadurch sind vielfältige Traditionen und Schulen spiritueller Entwicklung entstanden, deren Ursprünge sich im Frühnebel der menschlichen Bewußtwerdung verlieren. Eine von ihnen, die buddhistische Tradition, beruht auf dem Durchbruch, den Siddhartha Gautama vor zweitausendfünfhundert Jahren in seinem Versuch erzielte, den Königsweg zur Befreiung (*moksha*) und zur Erleuchtung (*bodhi*), zu uralten, verlorengegangenen Idealen also, wiederzuentdecken.

 Die Bewußtseinslehre des Buddhismus ist außerordentlich reich entfaltet und komplex. Es handelt sich aber nicht einfach um eine Ausgestaltung, Neuformulierung oder Weiterentwicklung der alten indischen Religion. Nach der buddhistischen Überlieferung gibt es fünf Grundkategorien praktischer Übungen, in die sich die zahlreichen meditativen Orientierungen und Methoden nach ihren Unterschieden und Gemeinsamkeiten einteilen lassen.

Der erste Typus heißt »Meditation des gewöhnlichen Sterblichen«. Ziel und Zweck dieses Meditationstypus ist es, die gewöhnlichen Wahrnehmungen und Fähigkeiten des Individuums zu steigern. Das erwünschte Resultat ist größere Effizienz und Wirkung der alltäglichen Handlungen, was zu größerem Selbstvertrauen und Wohlbefinden des Übenden führt.

Schon der zweite Typus der Meditation unterscheidet sich radikal vom ersten. Er möchte die Grenzen der Welt überschreiten, statt sich im Rahmen des Gewohnten mit der Welt zu befassen. Das erwünschte Resultat ist das Nirwana im Sinne eines Beruhigt-Seins, ein tiefer Friede des Bewußtseins, charakterisiert durch Auslöschung aller psychischen Bedrängnisse. Im allgemeinen erwartet man von Menschen, die auf diese Weise das Nirwana des Beruhigt-Seins erreichen, auch außergewöhnliche übersinnliche Fähigkeiten, doch da sie in der Regel in diesem Beruhigt-Sein des individuellen Nirwana verbleiben, pflegen sie diese Fähigkeiten nicht gemeinsam auszuüben.

Der dritte Typus der Meditation konzentriert sich auf die Entwicklung von Zuständen der Bewußtseinsveränderung. Wer meditiert, um das Nirwana zu erlangen, benutzt diese Zustände veränderten Bewußtseins vielleicht auch dazu, Bindungen an begriffliche und wahrnehmungsmäßige Konventionen aufzulösen, doch besteht hierbei die Gefahr des Sich-Verlierens in Rauschzuständen. Die buddhistische Lehre legt größten Wert auf Nüchternheit, um allen Zuständen der »Besessenheit« aus dem Weg zu gehen, um also nicht, wie man so sagt, die Neugeburt »unter dem Einfluß ungewöhnlicher Bewußtseinszustände« zu erleben. Die buddhistische Lehre betont, man müsse darauf achten, solche Bewußtseinszustände für spezifische pragmatische Zwecke und auf keinen Fall zur Befriedigung des eigenen Ichs einzusetzen.

Die vierte Art der Meditation dient der Entwicklung außergewöhnlicher Fähigkeiten im Dienst für andere und die Welt im allgemeinen. Wer auf diese Weise meditiert, kann sich auch einer oder aller für die ersten drei Meditationsarten typischen Methoden und Techniken bedienen. Doch geschieht das dann mit einer anderen Perspektive, unter anderem Vorzeichen und in größeren Zusammenhängen. Umfang und Inhalt meditativer Zustände und Erfahrungen dieser vierten Kategorie übersteigen diejenigen der niedrigeren Meditationstypen um ein Vielfaches.

Der fünfte, höchste Typus der Meditation wird nach dieser alten Klassifizierung »reine, klare Meditation, die zum wahren Sein gelangt« genannt. Hierbei handelt es sich um die tiefste Erkenntnis und die größte Nähe zur echten Objektivität, die einem individuellen Bewußtsein überhaupt möglich sind. Die Verwirklichung der »reinen, klaren Meditation« befähigt den betreffenden Meister auch, sich aller anderen Typen der Meditation willkürlich und frei zu bedienen, ohne in Zustände der Fixierung oder Besessenheit zu geraten.

Das vorliegende Buch ist ein Kompendium von Instruktionen und Anweisungen. Sie beziehen sich vor allem auf Methoden, wie man zu Erfahrungen kommt, die für den letztgenannten Typus der Meditation charakteristisch sind: für die reine, klare Meditation, die zum wahren Sein gelangt.

Das erste Handbuch, *Abhandlung über das Höchste Fahrzeug*, wird Hongren (602–675) zugeschrieben, der als der Fünfte Patriarch des Chan-Buddhismus in China bekannt ist. Allem Anschein nach ist dieser Text aber vor dem 16. Jahrhundert nicht historisch belegt, und seine Ursprünge liegen im dunkeln. Und obwohl Hongren, wie schon sein eigener Lehrer und mehrere seiner Schüler, ein berühmter Chan-Meister seiner Zeit war, weiß man wenig Zuverlässiges über seine Lehre oder die Aktivitäten seiner Schule.

Auch die Sprache dieses Meditations-Handbuchs läßt vermuten, daß es tatsächlich erst im 16. Jahrhundert verfaßt wurde. Doch bestimmte Passagen, vor allem die Zitate, entsprechen nicht der für den Buddhismus des 16. Jahrhunderts typischen Gelehrsamkeit und seiner Terminologie. Sie vermitteln vielmehr den Eindruck, der uns heute vorliegende Text gehe doch auf ältere Vorlagen zurück. Es könnte sich auch um das Erzeugnis eines koreanischen Zweiges der alten Schule handeln. Die in diesem Lehrbuch vermittelte Methode bildet die Grundlage und Quintessenz für Theorie und Praxis, das Fundament für die noch folgenden Texte.

Das zweite Handbuch, *Modelle für eine Meditation im Sitzen*, wurde gegen Ende des 11. Jahrhunderts vom chan-buddhistischen Meister Cijiao von Changlu in China niedergeschrieben. Man weiß wenig über Cijiao, außer daß er nicht nur Meister der sehr einflußreichen Linji-Schule des Chan-Buddhismus, sondern auch Patriarch des populären Buddhismus des Reinen Landes war. Die Kombination des Chan-Buddhismus mit dem Buddhismus des Reinen Landes findet sich, besonders was den Bereich der Konzentrationstechniken betrifft, im allgemeinen schon in den Berichten der frühen Meditations-Schulen Chinas, Koreas, Japans, Tibets und Vietnams.

Das nächste Handbuch, *Richtlinien zur Meditation im Sitzen*, wurde von Foxin Bencai, einem jüngeren Zeitgenossen Cijiaos, verfaßt. Die Instruktionen Foxins und Cijiaos, die sich beide sehr kurz fassen, setzen sich mit Verfallsproblemen in bezug auf die meditative Praxis auseinander. Sie beschreiben einfache Rezepte, Zuständen der Verwirrung und fehlender Ausrichtung zu begegnen, und geben Hilfestellung zur Entwicklung des richtigen meditativen Zustandes.

Diesen beiden Texten folgt ein weiteres kurzes Handbuch für das allgemeine Publikum, *Allgemeine Empfehlungen zur Meditation im Sitzen*. Verfasser ist der japanische Zen-Meister Dōgen. Dōgen (1200–1253) war einer der Pioniere des Zen-Buddhismus in Japan. Als Sproß einer prominenten, einflußreichen Familie erhielt Dōgen ursprünglich eine konfuzianische Ausbildung und sollte einmal in den Verwaltungsdienst der kaiserlichen Regierung übernommen werden. Doch begann er sich schon früh auch mit dem Buddhismus zu beschäftigen und verließ, kurz bevor er seinen Dienst bei Hofe antreten sollte, sein Elternhaus, um buddhistischer Mönch zu werden.

Dōgen verfügte über eine glänzende Intelligenz und eignete

sich in verhältnismäßig kurzer Zeit die Theorien der exoterischen und esoterischen Zweige der alten Tendai-Schule des
japanischen Buddhismus an. Noch vor Beendigung seiner
Tendai-Studien aber begegnete er dem Zen, das soeben aus
dem kontinentalen China importiert worden war. Bald ver-
legte er sich vollständig auf das Zen, und obwohl er schon in
jungen Jahren seine Anerkennung als Meister in Japan erhielt,
entschloß er sich doch noch, nach China überzusetzen und
Chan, den Vorläufer des Zen, zu studieren, der damals auf
dem Kontinent praktiziert wurde.

Nach fünfjährigem China-Aufenthalt kehrte Dōgen, ausgestattet mit einem tieferen Verständnis des Zen, nach Japan
zurück. Er verbrachte dann fast zehn weitere Jahre damit, die
Situation in Japan zu beobachten, ehe er als Lehrer auftrat.
Eines der wichtigsten Ziele Dōgens als Lehrer war, die Menschen auf die Mängel und Gefahren einer unvollständigen
Zen-Meditation und nur teilweisen Zen-Erfahrung aufmerksam zu machen. Das hier abgedruckte Handbuch, eines der
ersten schriftlichen Werke Dōgens, zeugt von dieser Sorge und
skizziert eine Methode zur Lösung der Schwierigkeiten.

Als nächstes Handbuch wird hier *Geheimnisse der Arbeit
am Bewußtsein* vorgestellt, zusammengestellt von Chinul
(1158–1210), dem Stifter des Chogye-Ordens im koreanischen
Buddhismus. Schon im Alter von acht Jahren wurde Chinul
zum Mönch geweiht. Er hatte keinen Lehrer. Sein erstes Erwachen ereignete sich, als er im Alter von fünfundzwanzig Jahren
in einem chan-buddhistischen Klassiker las. Nach diesem Erlebnis begab sich Chinul in die Einsamkeit der Berge. Einige
Zeit später arbeitete er den gesamten buddhistischen Kanon
durch, zog sich dann aber zum Fasten wieder in die Abgeschiedenheit der Berge zurück. In dieser Periode erlebte Chinul bei der Lektüre der Briefe eines der großen chinesischen
Meister ein weiteres Erwachen.

Schließlich begann Chinul andere zu unterweisen und
gründete eine ganze Reihe von Unterrichtsstätten. Der buddhistische König von Koryo-Korea wurde auf ihn aufmerksam
und ehrte ihn nach seinem Tod mit dem Titel »Lehrer des

Volkes«. Ausgehend von den klassischen Lehren, sind Chinuls *Geheimnisse der Arbeit am Bewußtsein* ein leicht verständliches Lehrbuch der buddhistischen Meditation für Anfänger. Es beschreibt die Prinzipien und Methoden sowohl der »plötzlichen« als auch der »stufenweisen« Erleuchtung und stellt sie einander gegenüber.

Der Verfasser des nächsten hier übersetzten Handbuchs, *Aufgehen im Lichtschatz*, ist der japanische Zen-Meister Ejō (1198–1282). Geboren in einer alten Adelsfamilie, wurde Ejō mit achtzehn buddhistischer Mönch. Nach dem Studium des Tendai-Buddhismus beschäftigte er sich mit dem Buddhismus des Reinen Landes und wandte sich dann dem Zen zu. Schließlich wurde er Schüler des Zen-Meisters Dōgen, der Ejō nach kurzer Zeit zu seinem Assistenten machte und zum spirituellen Nachfolger bestimmte.

Den Großteil seines späteren Lebens verbrachte Ejō damit, die Werke seines Lehrers Dōgen, den er um dreißig Jahre überlebte, auszuarbeiten. Das ganz ungewöhnliche Werk *Aufgehen im Lichtschatz* aber ist Ejōs eigene Produktion. Es spiegelt Ejōs Herkunft sowohl vom esoterischen Zweig des Tendai-Buddhismus als auch vom klassischen Zen wider und zeigt, wie sich der Meditierende auf die buddhistische Lehre des sogenannten Dharmakāya oder »Körper der Wirklichkeit« konzentrieren sollte, die sich vieler symbolischer Ausdrucksweisen bedient. Dieser Typus der Meditation, bei dem Auszüge aus Schriften, Gedichte und Zen-Koans bzw. Lehr-Anekdoten verwendet werden, um ein bestimmtes Bewußtseinsniveau zu erzeugen, heißt *sanzen*. Eine umfangreiche Zen-Literatur hat sich im Lauf der Jahrhunderte aus *sanzen* entwickelt. Ejōs *Aufgehen im Lichtschatz* gehört dazu und stellt eine höchst ungewöhnliche Mischung aus Komplexität und Einfachheit, Tiefe und leichter Lesbarkeit dar.

Das letzte Meditations-Handbuch, *Gespräch über die Grundlagen des Zen*, wird Man-an, dem alten Adepten einer Sōtō-Zen-Schule, zugeschrieben, der Anfang des 17. Jahrhunderts gelebt haben soll. Die Sōtō-Zen-Schulen jener Zeit führten ihre spirituellen Traditionen auf Dōgen und Ejō zurück, doch decken sich ihre Lehren und Methoden nicht ganz mit denen der alten Meister. Sie haben später vieles von anderen Schulen übernommen.

Man-ans Werk ist leicht verständlich. Besonders interessant ist, welch ein weites Spektrum seine Inhalte abdecken. Vor allem zeigt es einen modernen Trend zur »Meditation in Bewegung«, der in China ab dem 11. Jahrhundert, in Korea ab dem 12. und in Japan ab dem 14. Jahrhundert auftritt.

Vor einigen Jahren gab das Oberhaupt der römisch-katholischen Kirche eine Stellungnahme zur Meditation ab. Darin kam die Sorge zum Ausdruck, daß veränderte Bewußtseins- und körperliche Zustände von unvorsichtig Übenden mit authentischer spiritueller Erfahrung verwechselt werden könnten. Verschiedene Meditationsgruppen reagierten negativ auf dieses Statement, doch Tatsache ist, daß solche Warnungen im Buddhismus Tradition haben.

Der Umstand jedoch, daß viele Menschen im Westen durch sogenannte östliche Meditationstechniken aus dem Gleichgewicht geraten sind und sogar psychische und physische Schäden davongetragen haben, ist sicher nicht darauf zurückzuführen, daß sie keine guten Katholiken sind, sondern daß sie die Voraussetzungen der traditionellen Meditationslehren nicht genau genug beachtet haben. Die psycho-pathologischen Auswirkungen falscher Meditationspraxis sind in der buddhistischen Literatur sehr gut bekannt und werden dort eingehend beschrieben. Doch bestimmte Sekten verführen Menschen immer wieder zu intensiver Meditation, ohne daß ausreichende Voraussetzungen an Wissen, Verständnis und Erfahrung vorliegen. Manchmal geschieht das nicht aus bloßer Unwissenheit, sondern aus Berechnung, um auf diese Weise Anhänger zu gewinnen, denn Menschen werden unter solchen Umständen extrem anfällig für Fixierungen und Konditionierungen.

Um solchem Mißbrauch entgegenzutreten, hat die tibetische »Gelugpa-Schule« (Tugend-Schule), deren Oberhaupt der Dalai Lama ist, die Meditationspraxis grundlegend reformiert. In dieser Schule wird vom Übenden erwartet, daß er sich zunächst gründlich mit der Wissenschaft der Meditation vertraut macht, bevor er zu intensiver Konzentration übergeht. Auch der chan-taoistische Meister Liu I-ming forderte die Menschen auf, erst zehn Jahre lang zu studieren, bevor sie mit intensiver Meditation begönnen. Der japanische Zen-Meister Kōsen schrieb zu Beginn der Moderne seinen Schülern einen etwa drei Jahre dauernden Kurs vor, ehe er ihnen erlaubte, mit einem Lehrer an konzentrierten Zen-Übungen teilzunehmen.

Vorbereitende Studien sind auch deshalb wichtig, weil nur so die Qualität eines Lehrers erkannt und richtig eingeschätzt werden kann. Das gilt insbesondere für die Menschen des Westens. Wer sich unvorbereitet zu einem echten Lehrer begibt, raubt ihm nur seine Zeit und demonstriert, ohne es zu wissen, die eigene Gier und Faulheit. Begibt er sich aber unvorbereitet zu einem falschen Lehrer, raubt er sich selbst die Zeit und bringt sich und die von ihm Abhängigen unnötig in Gefahr. Daher der klassische Chan-Ausspruch: »Erst erwache selbst, dann kümmere dich um andere!« Dies ist der eigentliche Zweck, für den die in diesem Buch vorgestellten Unterweisungshandbücher ursprünglich geschrieben und veröffentlicht wurden.

Chan-Meister Hongren

Abhandlung über das Höchste Fahrzeug

Wer nach der Erleuchtung der Weisen strebt, um die wahre 1
Quelle zu verstehen, dabei aber die entscheidende Voraussetzung der Arbeit am Bewußtsein nicht reinerhält, wird durch keine Übung, welcher Art sie auch sei, zur Verwirklichung gelangen. Sollten gute Freunde diesen Text abschreiben, so mögen sie darauf achten, nichts auszulassen, um nicht bei Menschen späterer Zeiten Irrtümer zu verursachen.

Jeder sollte sich die Grundlage der Arbeit an der Erleuch- 2
tung genauestens bewußt machen: Sie ist das uns innewohnende vollständige und reine Bewußtsein, in dem es keine falsche Unterscheidung gibt und Körper und Geist von Grund auf rein, ungeboren und unsterblich sind. Es ist der eigentliche Lehrer. Es ist besser, als die Buddhas der Zehn Himmelsrichtungen anzurufen.

Frage: Woher wissen wir, daß das uns innewohnende Be- 3
wußtsein von Grund auf rein ist?

Antwort: Nach der *Zehn-Stufen-Schrift* gibt es eine unzerstörbare Buddhanatur im Körper der Lebewesen, wie die Scheibe der Sonne: Ihr Leib ist leuchtend, rund und voll, weit und grenzenlos. Doch da sie von den dunklen Wolken der fünf »Klumpen« (Gruppen des Anhaftens) bedeckt ist, vermag sie, wie eine Lampe im Krug, nicht zu leuchten.

Wenn überall Wolken und Nebel sind, ist die Welt finster. Das bedeutet aber nicht, daß sich die Sonne aufgelöst hat. Warum gibt es dann also kein Licht? Das Licht ist unzerstörbar, es wird nur von Wolken und Nebel verhüllt. Genauso ist es mit dem reinen Bewußtsein aller Lebewesen. Es ist nur von den dunklen Wolken der »Besessenheit« von Gegenständen, der willkürlichen Gedanken, der psychischen Bedrängnisse und der Ansichten und Meinungen bedeckt. Könnt ihr das Bewußtsein nur so still halten, daß keine irrigen Gedanken mehr aufsteigen, so wird sich ganz von selbst die Wirklichkeit des Nirwana zeigen. Von daher wissen wir, daß das uns innewohnende Bewußtsein ursprünglich rein ist.

4   Frage: Woher wissen wir, daß das uns innewohnende Bewußtsein von Grund auf ungeboren und unsterblich ist?

Antwort: In der Schrift *Die Aussprüche Vimalakīrtis* steht, daß die So-heit keine Geburt kennt und daß die So-heit keinen Tod kennt. So-heit ist wahres So-Sein, die Buddhanatur, die an sich rein ist. Reinheit ist die Quelle des Bewußtseins. Wahres So-Sein existiert immer und wird nicht durch Bedingungen hervorgerufen. In dieser Schrift steht auch, daß alle gewöhnlichen Dinge *so* sind und daß auch alle Weisen und Heiligen *so* sind. »Alle gewöhnlichen Dinge«, das bezieht sich auf uns. »Alle Weisen und Heiligen«, das bezieht sich auf die Buddhas. Aber obwohl ihre Namen und Gestalten sich voneinander unterscheiden, ist die objektive Natur des wahren So-Seins in ihren Körpern dieselbe. Ungeboren und unsterblich zu sein, heißt »so«. Von daher wissen wir, daß das uns innewohnende Bewußtsein von Grund auf ungeboren und unsterblich ist.

5   Frage: Warum heißt das uns innewohnende Bewußtsein der »eigentliche Lehrer«?

Antwort: Dieses wahre Bewußtsein besteht von Natur aus und stammt nicht von außerhalb. Man braucht weder in Vergangenheit noch in Gegenwart und Zukunft daran zu arbeiten. Das denkbar Kostbarste und Feinste ist, daß ihr das Bewußtsein rein bewahrt. Kennt ihr das Bewußtsein, so werdet ihr dadurch, daß ihr es rein bewahrt, die Transzendenz erlangen. Seid ihr aber in Wirrnis über das Bewußtsein befangen und kennt es nicht, werdet ihr in elende Zustände geraten. Daher wissen wir, daß die Buddhas aller Zeiten das uns innewohnende Bewußtsein als den eigentlichen Lehrer betrachten. Deshalb steht in einer Abhandlung: »Bewahrt das Bewußtsein in vollkommener Klarheit, damit keine irrigen Gedanken aufsteigen. Das ist die Geburtlosigkeit.« Von daher wissen wir, daß das Bewußtsein der eigentliche Lehrer ist.

6   Frage: Was bedeutet der Ausdruck, daß das uns innewohnende Bewußtsein besser ist, als andere Buddhas anzurufen?

Antwort: Und würdet ihr ununterbrochen andere Buddhas anrufen, so würdet ihr Geburt und Tod doch nicht entrinnen. Aber wenn ihr euer eigentliches Bewußtsein bewahrt, werdet ihr zur Transzendenz gelangen. In der *Diamantschneider-Schrift* steht, daß jeder, der den Buddha in Form von Gestalten sieht oder den Buddha mittels Klängen sucht, einen Irrweg wandelt und den wirklichen Buddha nicht erblickt. Deshalb heißt es, daß das wahre Bewußtsein zu bewahren besser ist, als andere Buddhas anzurufen.

Das Wort »besser« aber wird nur deshalb verwendet, um den Menschen Mut zu machen. In Wirklichkeit ist das Wesen der letzten Verwirklichung in sich gleich, ohne Dualität.

Frage: Das wahre Wesen der Buddhas und der gewöhn- 7 lichen Lebewesen ist ein und dasselbe. Warum erleben dann die Buddhas unendliches Glück und unbeschränkte Freiheit, ohne Geburt oder Tod, während wir gewöhnlichen Lebewesen in Geburt und Tod fallen und alle möglichen Schmerzen erleiden?

Antwort: Die Buddhas der Zehn Himmelsrichtungen haben die wahre Natur der Dinge erkannt und nehmen spontan die Quelle des Bewußtseins wahr. Bei ihnen entstehen keine irrigen Vorstellungen, und die wache Achtsamkeit geht ihnen niemals verloren. Bei ihnen verschwindet die egoistische, besitzergreifende Einstellung. Daher sind sie Geburt und Tod nicht unterworfen. Da sie Geburt und Tod nicht unterworfen sind, sind sie vollkommen ruhig. Also kommt alles Glück auf ganz natürliche Weise zu ihnen.

Die gewöhnlichen Menschen dagegen verlieren die Natur der Wirklichkeit aus den Augen und kennen die Grundlage des Bewußtseins nicht. Sie fixieren sich willkürlich auf alle möglichen Gegenstände und arbeiten nicht an der wachen Achtsamkeit. Deshalb entstehen Liebe und Haß. Wegen Liebe und Haß zerspringt das Gefäß des Bewußtseins und wird undicht. Da das Gefäß des Bewußtseins zerspringt und undicht wird, gibt es Geburt und Tod. Da es Geburt und Tod gibt, tritt all das Elend auf ganz natürliche Weise in Erscheinung.

In der *König »Bewußtsein«-Schrift* steht, daß das wahre

So-Sein, die Buddhanatur, jetzt im Meer des Denkens, Wahrnehmens und Fühlens versunken ist und im Wechsel von Geburt und Tod auf und nieder tanzt, unfähig, seiner Gefangenschaft zu entkommen. Bemüht euch deshalb, das eigentliche, wahre Bewußtsein zu bewahren, so daß keine willkürlichen Gedanken aufsteigen, egoistische und besitzergreifende Einstellungen verschwinden und ihr spontan die Gleichheit und Einheit mit den Buddhas verwirklicht.

8 Frage: Wenn die Buddhanatur, die wirklich *so* ist, ein und dieselbe ist, so müßten sich, wenn sich einer täuscht, alle täuschen, und wenn einer erleuchtet wird, alle erleuchtet werden. Woher kommt es dann, daß, wenn Buddhas zu dieser Natur erwachen, die Unwissenheit und Verwirrung der gewöhnlichen Menschen erhalten bleiben?

Antwort: Hier betreten wir den Bereich des Unvorstellbaren, außerhalb der Reichweite der gewöhnlichen Menschen. Erleuchtung wird dadurch erlangt, daß man das Bewußtsein erkennt. Verwirrung entsteht, weil man die Berührung mit der Natur verliert. Treffen Bedingungen aufeinander, treffen sie aufeinander. Eine sichere Aussage ist dann nicht mehr möglich. Vertraut einfach auf die Wahrheit und bewahrt das euch innewohnende eigentliche Bewußtsein.

Das ist der Grund, weshalb in der Schrift *Die Aussprüche Vimalakīrtis* steht, daß es weder Selbstheit noch Andersheit gibt, daß die Wirklichkeit nie eine Geburt gekannt hat und niemals vergeht. Auf diese Weise erkennt man die dualistischen Extreme Identifikation und Entfremdung, wodurch man in die keine Unterscheidungen machende Erkenntnis eintritt. Wenn ihr das versteht, ist die Bewahrung des Bewußtseins die wichtigste Lehre für die Praxis. Diese Praxis der Bewahrung des Bewußtseins ist die Grundlage des Nirwana, der Königsweg zur Erleuchtung, die Quelle aller Schriften und der Erzeuger der Buddhas aller Zeiten.

9 Frage: Woher wissen wir, daß die Bewahrung des fundamentalen, wahren Bewußtseins die Grundlage des Nirwana ist?

Antwort: Das Wesen des Nirwana ist ruhige, nicht künstlich erzeugte Glückseligkeit. Erkennt, daß euer Bewußtsein das wahre Bewußtsein ist, und irrige Vorstellungen hören auf. Wenn irrige Vorstellungen aufhören, seid ihr wach und achtsam. Dank dieser wachen Achtsamkeit entsteht leidenschaftslos wahrnehmende Erkenntnis. Durch leidenschaftslos wahrnehmende Erkenntnis entdeckt man die Natur der Wirklichkeit. Durch die Entdeckung der Natur der Wirklichkeit erlangt man Nirwana. Von daher wissen wir, daß die Bewahrung des fundamentalen, wahren Bewußtseins die Grundlage des Nirwana ist.

Frage: Woher wissen wir, daß die Bewahrung des fundamentalen, wahren Bewußtseins der Königsweg zur Erleuchtung ist? 10

Antwort: »Selbst wenn ihr mit eurem Finger die Zeichnung eines Buddha anfertigt oder sonstwie zahllose gute Taten vollbringt ...« – Lehren dieser Art sind einfach Anweisungen des Buddha für unwissende Menschen, um Ursachen für bessere Zustände in der Zukunft zu legen und schließlich den Buddha zu sehen. Alle jedoch, die möglichst rasch für sich selbst die Buddhaschaft erlangen wollen, sollten das eigentliche, wahre Bewußtsein bewahren. Unendlich zahlreich sind die Buddhas der Vergangenheit, Gegenwart und Zukunft, aber keiner von ihnen erlangte die Buddhaschaft, ohne das eigentliche, wahre Bewußtsein zu bewahren. Deshalb heißt es in einer Schrift, daß es, wenn ihr das Bewußtsein eindeutig ausgerichtet haltet, nichts gibt, was nicht erreicht werden könnte. Von daher wissen wir, daß die Bewahrung des eigentlichen, wahren Bewußtseins der Königsweg zur Erleuchtung ist.

Frage: Woher wissen wir, daß die Bewahrung des eigentlichen, wahren Bewußtseins die Quelle aller Schriften ist? 11

Antwort: In den Schriften erklärt der Buddha sämtliche Ursachen und Bedingungen, Wirkungen und Folgen aller Sünden und Tugenden, benutzt dabei sogar Berge, Flüsse, Erde, Gräser, Bäume und noch viele andere Wesen als ebenso viele Gleichnisse, Parabeln und Bilder, und manifestiert bei Gelegenheit auch zahllose spirituelle Kräfte und Emanationen. Der Grund dafür ist, daß der Buddha Menschen unterweist, denen

19

es an Einsicht fehlt, die alle möglichen Wünsche besitzen und ihrem Denken nach unendlich verschieden sind.

In Anbetracht dessen wendet der Buddha den individuellen Denkweisen entsprechende Mittel an, um die Menschen zur Universellen Wahrheit zu führen. Sobald wir aber einmal erkennen, daß die Buddhanatur in allen Wesen so rein wie die Sonne hinter den Wolken ist, werden, falls wir nur das eigentliche, wahre Bewußtsein mit vollkommener Klarheit bewahren, die Wolken irriger Gedanken aufhören, und es wird die Sonne der Einsicht aufgehen. Warum ist es denn notwendig, sich immer noch mehr mit dem Wissen über den Schmerz des Wechsels von Geburt und Tod, über alle möglichen Lehren und Prinzipien und über die Ereignisse in Vergangenheit, Gegenwart und Zukunft zu beschäftigen? Weil das so ist, als wenn man den Staub von einem Spiegel wischt. Die Klarheit erscheint ganz von selbst, wenn aller Staub verschwunden ist.

Daher ist alles, was in dem gegenwärtigen, unerleuchteten Bewußtsein gelernt wird, wertlos. Wenn ihr wache Achtsamkeit in aller Klarheit aufrechterhalten könnt, dann ist wahres Lernen das, was ihr in einem nicht künstlich erzeugten Bewußtsein lernt.

Doch auch wenn ich es »wirkliches Lernen« nenne, gibt es letzten Endes nichts Gelerntes. Warum? Weil sowohl das Selbst als auch das Nirwana leer sind. Es gibt dann nicht mehr Zwei, nicht einmal Eins. Also gibt es nichts Gelerntes. Doch obwohl die Phänomene im wesentlichen leer sind, ist es notwendig, das eigentliche, wahre Bewußtsein mit vollkommener Klarheit zu bewahren, weil dann keine täuschenden Gedanken aufsteigen und Egoismus und Besitzdenken verschwinden. In der *Nirwana-Schrift* steht: »Wer weiß, daß der Buddha nichts predigt, der hat ausgelernt.« Von daher wissen wir, daß die Bewahrung des eigentlichen, wahren Bewußtseins die Quelle aller Schriften ist.

12   Frage: Woher wissen wir, daß die Bewahrung des eigentlichen, wahren Bewußtseins der Erzeuger der Buddhas aller Zeiten ist?

Antwort: Die Buddhas aller Zeiten sind aus dem Wesen des

Bewußtseins geboren. Bewahrt zuerst das wahre Bewußtsein, so daß keine irrigen Gedanken aufsteigen können. Wenn dann Egoismus und Besitzdenken verschwunden sind, erlangt ihr die Buddhaschaft.

Wir könnten diese Gespräche noch endlos fortsetzen. Fürs erste aber ist meine Hoffnung, daß euch bewußt wird: Euer eigentliches Bewußtsein ist Buddha. Das ist der Grund, weshalb ich euch so ernstlich ermahne. Nichts in den Tausenden von Schriften und Zehntausenden von Abhandlungen ist wichtiger, als das eigentliche, wahre Bewußtsein zu bewahren – das ist das Entscheidende. 13

Nun werde ich einen weiteren Versuch machen, euch zu unterweisen, und zwar, indem ich mich auf die Symbole der *Wahrheitslotos-Schrift* beziehe: die Symbole des Großen Wagens, der Schatztruhe, der glänzenden Perle, des Wunder-Krautes. Ich tue das, weil ihr selbst sie ja nicht hernehmt und anwendet. Nur deshalb seid ihr so elend dran. 14

Was also habt ihr zu tun? Wenn keine irrigen Gedanken mehr aufsteigen und Egoismus und Besitzdenken verschwinden, vollenden sich alle Tugenden ganz von selbst. Ihr braucht nicht im Außen zu suchen, das würde euch nur wieder zum Elend von Geburt und Tod zurückbringen. Wo immer ihr seid, untersucht euer Bewußtsein mit wacher Achtsamkeit. Sät keine Samen für künftiges Elend, indem ihr euch an gegenwärtige Lust bindet, euch dadurch selbst zum Narren haltet und andere täuscht, da ihr so von Geburt und Tod nicht frei werdet. 15

Arbeitet, arbeitet! Der Augenblick ist flüchtig. Legt gemeinsam die Basis für künftige Buddhaschaft. Verschwendet nicht Vergangenheit, Gegenwart und Zukunft. Schlagt die Zeit nicht nutzlos tot. Eine Schrift spricht davon, daß man »in der Hölle sein und so tun kann, als wäre es ein Lustgarten«, und daß man »sich in schlimmen Zuständen befinden und so tun kann, als wäre es das eigene traute Heim«. Daß wir gewöhnlichen Sterblichen es gegenwärtig so halten, ist die Ursache dafür, daß die Menschen, ohne es zu wissen, total verwirrt sind. Aber nichts ist außerhalb des Bewußtseins. Wie herrlich! Wie erbärmlich! 16

17   Wenn es sich um Anfänger handelt, die sitzen und meditieren lernen, dann sollten sie den Anweisungen in der *Schrift
über die Visualisierung des unendlichen Lebens* folgen: Setzt
euch aufrecht hin, vollkommen achtsam, die Augen zu, der
Mund geschlossen. In Gedanken richtet den Blick geradeaus,
so nahe oder weit weg, wie ihr wollt: Stellt euch die Sonne
vor, bewahrt das wahre Bewußtsein, haltet eure Aufmerksamkeit ununterbrochen darauf gerichtet. Stimmt dann euren
Atem darauf ab und laßt ihn nicht zwischen Rauheit und
Glätte schwanken. Denn das verursacht Krankheit und
Schmerz.

18   Wenn ihr euch nachts hinsetzt und meditiert, seht ihr vielleicht alle möglichen Szenen, gute und schlechte, oder ihr
geht vollständig in Blau, Gelb, Rot, Weiß usw. auf. Vielleicht
seht ihr auch, wie euer Körper ein gewaltiges Licht ausstrahlt;
womöglich seht ihr die Gestalt eines Buddha oder allerlei
wunderbare Schauspiele. Dann wißt ihr hoffentlich genug, um
euch zu sammeln und euch von nichts dergleichen binden zu
lassen. Denn all dies ist leer und wird nur aufgrund subjektiver
Einbildung erblickt. In einer Schrift steht: »Alle Länder in den
Zehn Himmelsrichtungen sind wie leerer Raum. Alle Welten
sind illusorisch, nur konstruiert durch das Denken.«

19   Und falls ihr nicht in Trance fallt und nicht alle möglichen
Visionen habt, wundert euch auch darüber nicht. Haltet nur
fortwährend das eigentliche, wahre Bewußtsein vollkommen
klar, was auch immer ihr tut, so daß keine irrigen Gedanken
aufsteigen und Egoismus und Besitzdenken verschwinden.

20   Nichts befindet sich außerhalb des uns innewohnenden Bewußtseins. Die Buddhas haben nur so viele Lehren und
Gleichnisse entwickelt, weil die Verhaltensweisen der gewöhnlichen Menschen sich voneinander unterscheiden. Das
war auch die Ursache dafür, daß allmählich Unterschiede
zwischen den Lehrsystemen auftraten. Aber in Wirklichkeit
befinden sich die Substanz der Zustände der Vierundachtzigtausend Lehren, die Drei Fahrzeuge und der Achtfache Pfad,
Quelle der Zweiundsiebzig Grade der Erleuchteten, nicht
außerhalb des uns innewohnenden Bewußtseins, welches die

Basis ist. Wenn ihr nur in erster Linie und vor allem das eigentliche Bewußtsein kennenlernt und es immerfort, Augenblick für Augenblick, weiter reinigt, werdet ihr auf ganz natürliche Weise die Buddhanatur erblicken. In jedem Augenblick werdet ihr den unzähligen Buddhas der Zehn Himmelsrichtungen Opfer darbringen, während ihr auch in jedem Augenblick sämtliche Schriften des Kanons »rezitiert«.

Sobald ihr die Bewußtseinsquelle versteht, werden spontan 21 sämtliche sinnvollen mentalen Phänomene auftauchen, alle Gelübde ihre Erfüllung finden, alle Übungen vollendet sein. Alles ist dann vollbracht. Ihr seid nicht mehr dem Werden unterworfen. Aber es ist notwendig, daß keine irrigen Gedanken aufsteigen und Egoismus und Besitzdenken verschwinden. Wenn ihr dann diesen Körper verlaßt, werdet ihr mit Sicherheit zum Unerschaffenen, Unvorstellbaren gelangen.

Arbeitet! Verschwendet keinen einzigen Augenblick! 22 Worte, so wahr und täuschungsfrei wie diese, hört man nicht gerne. Menschen, die sie hören und sofort übend in die Tat umsetzen, sind extrem selten und Menschen, die sie übend in die Tat umsetzen und dann auch wirklich erfüllen, noch seltener.

Werdet ruhig, werdet still, werdet Herr über die Sinne! 23 Blickt unmittelbar in die Quelle des Bewußtseins hinein. Haltet es immer hell leuchtend, klar und rein. Gebt dem »indifferenten Bewußtsein« keinen Raum.

Frage: Was verstehst du unter »indifferentem Bewußtsein«? 24

Antwort: Wenn sich Menschen konzentrieren, ihr Bewußtsein auf äußere Gegenstände richten und ihr rohes Denken daher für eine Weile aufhört, arbeiten sie zwar innerlich am wahren Bewußtsein. Wenn aber dieses Bewußtsein noch nicht rein und klar ist und sie, obwohl sie es bei all ihren Handlungen fortwährend überprüfen, trotzdem nicht imstande sind, selbständig die Quelle des Bewußtseins klar wahrzunehmen, dann nenne ich das »indifferentes Bewußtsein«.

Es ist nämlich immer noch ein verunreinigtes Bewußtsein, das der großen Krankheit von Geburt und Tod nicht entrinnt. Was soll man dann erst von jenen sagen, die das wahre Bewußtsein überhaupt nicht zu bewahren versuchen! Solche Menschen versinken in der bitteren Salzflut von Geburt und Tod. Wann werden sie da je herausfinden? Wie schade um sie! Arbeitet also, arbeitet!

In der Schrift steht, daß, wenn aus dem Inneren eines Menschen keine Wahrheitsliebe aufsteigt, er zu nichts imstande ist, selbst wenn er zahllosen Buddhas in Vergangenheit, Gegenwart und Zukunft begegnete. In der Schrift steht auch, daß jemand, der das Bewußtsein erkennt, sich selbst befreit. Buddhas können den Menschen nicht befreien. Wenn Buddhas den Menschen befreien könnten, warum haben dann Menschen wie wir die Erleuchtung noch nicht erreicht, obwohl doch in der Vergangenheit zahllose Buddhas aufgetreten sind? Der Grund dafür ist, daß keine echte Wahrheitsliebe aus dem Inneren aufsteigt. Daher versinken die Menschen in einem Meer der Bitterkeit.

Arbeitet, arbeitet! Sucht mit Fleiß das eigentliche Bewußtsein, laßt auch nicht die geringste Verunreinigung zu! Was vergangen ist, soll uns nicht kümmern, was vergangen ist, können wir nicht mehr ändern. Aber alle, die jetzt, in der Gegenwart, die edlen Lehren gehört haben, die bitte ich dringend, die Worte zu verstehen: Macht euch klar, daß die Bewahrung des Bewußtseins der vortrefflichste Pfad ist.

25   Wenn ihr nicht bereit seid, bei der Suche nach Erleuchtung und der dabei gemachten Erfahrung unendlicher Freiheit und Seligkeit mit äußerster Wahrheitsliebe vorzugehen, wenn ihr statt dessen nur großen Lärm macht und den Dingen der Welt folgt, gierig nach Ehre und Gewinn, so fallt ihr nur in eine große Hölle und erleidet alle Arten des Elends. Was also ist zu tun? Wie müßt ihr vorgehen? Was werdet ihr tun?

26   Arbeitet, arbeitet! Zieht alte Kleider an, eßt einfache Speisen und bewahrt das eigentliche, wahre Bewußtsein mit vollkommener Klarheit. Tut so, als wüßtet ihr nichts, als wärt ihr völlig ungebildet. So spart ihr am meisten Energie und handelt doch effizient. So verhält sich ein wirklich strebender Mensch.

27   Im Wahn der Täuschung befindliche, weltliche Menschen, die diesen Grundsatz nicht verstehen, nehmen in ihrer Unwis-

24

senheit viele Mühen auf sich, um im großen Stil sogenannte gute Taten zu vollbringen. Sie hoffen dadurch die Befreiung zu erlangen, kehren aber dennoch wieder zu Geburt und Tod zurück. Aber jene, die mit vollständiger Klarheit wache Achtsamkeit aufrechterhalten und andere Menschen befreien, sind mächtige, erleuchtende Wesen.

Noch einmal sage ich euch mit aller Deutlichkeit: Das 28 Wichtigste ist die Bewahrung des Bewußtseins. Bemüht ihr euch nicht, daß Bewußtsein zu bewahren, so seid ihr nichts als blinde Toren. Durch Nicht-Akzeptieren der Gegenwart seid ihr zeit eures Lebens im Elend. Durch Hoffnungen auf die Zukunft geratet ihr für Myriaden Äonen ins Unglück. Was soll ich euch sonst noch sagen, um eure Ansprüche zufriedenzustellen?

Wer inmitten des Wehens der Acht Winde unbeweglich 29 steht, ist der wahre Juwelen-Berg. Wer die Folgen kennt, handelt und spricht klug und taktvoll, um sich allen Situationen anzupassen und der jeweiligen Krankheit entsprechende Heilmittel auszuteilen. Wer dies vermag und doch keine falschen Gedanken aufkommen läßt, so daß Egoismus und Besitzdenken ausgelöscht werden, der hat wirklich die Welt überwunden.

Als der Buddha noch im Leben weilte, konnte er nie genug 30 ein solches Verhalten preisen. Ich sage euch das, um euch ernstlich Mut zu machen. Wenn ihr keine falschen Gedanken erzeugt und euch von allem Egoismus und Besitzdenken leer macht, seid ihr jenseits der Welt.

Frage: Was ist das Verschwinden von Egoismus und Besitz- 31 denken?

Antwort: Wenn ihr den Wunsch habt, andere zu übertreffen oder euch etwas auf eure Fähigkeiten einbildet, so ist das Egoismus und Besitzdenken. Das sind Krankheiten im Vergleich zum Nirwana, weshalb die *Nirwana-Schrift* sagt: »Der Raum kann alles enthalten, aber den Gedanken, daß er alles enthalten kann, kann er nicht fassen.« Das ist ein Bild für das Verschwinden von Egoismus und Besitzdenken, durch das ihr zu unzerstörbarer Konzentration gelangen könnt.

32   Frage: Übende auf der Suche nach wahrem, ewigem Frieden, die dennoch nur nach den vergänglichen, groben Tugenden der Welt streben und nicht nach den wahrhaft ewigen, feinen Tugenden der letzten Wahrheit, haben das Prinzip noch nicht erkannt und erheben ihren Geist nur, um sich auf Doktrinen zu konzentrieren und ihnen nachzugrübeln. Sobald bewußte Achtsamkeit bei ihnen auftritt, wird sie auch schon verunreinigt. Wenn jemand aber einfach das Bewußtsein vergessen will, so ist das die Finsternis der Unwissenheit und nicht in Übereinstimmung mit dem wahren Prinzip. Wenn aber jemand weder das Denken anhalten noch sich auf Prinzipien konzentrieren will, so ist das ein falsches Greifen nach der Leere, und er lebt dann wie ein Tier, statt ein Mensch zu sein. Wenn so jemand also keine Methoden der Konzentration und Einsicht besitzt und nicht versteht, wie man die Buddhanatur in aller Klarheit erblickt: ein solcher Übender wird nur im Sumpf versinken – und wie kann er da wieder herauskommen, um zum vollständigen Nirwana zu gelangen? Bitte zeige uns das wahre Bewußtsein.

Antwort: Ihr müßt vollständiges Vertrauen und feste Entschlossenheit besitzen. Laßt euer Bewußtsein schön still werden, dann will ich euch weiter unterweisen.

Ihr müßt Körper und Geist von allen Fesseln befreien und in gelassener Heiterkeit, in keinen Gegenstand verstrickt, verharren. Setzt euch aufrecht hin, in wahrer Achtsamkeit, und stimmt euren Atem in geeigneter Weise darauf ab. Betrachtet nun euer Bewußtsein und erkennt, daß es weder innen noch außen noch dazwischen ist. Beobachtet es ruhig, sorgsam und objektiv. Wenn ihr das einmal könnt, werdet ihr klar einsehen, daß sich das Denken wie ein Strom bewegt, dahinfließt wie Wasser, wie endlos aufsteigende Hitzewellen.

Wenn ihr dann dieses Bewußtsein erblickt habt, entdeckt ihr auch, daß es weder innen noch außen ist: Beobachtet ohne Eile, objektiv und ruhig. Wenn ihr dies einmal könnt, zerfließt und zergeht dann vollständig, werdet leer und seid trotzdem fest und stark gegründet. Dann verschwindet dieses fließende Bewußtsein.

Wer dieses Bewußtsein verschwinden läßt, zerstört auch die behindernden Verwirrungen in bezug auf die erleuchtenden Wesen der Zehn Stufen. Ist einmal dieses Bewußtsein verschwunden, so ist der Geist offen und still, schweigend, heiter und ruhig, makellos rein und unerschütterlich stetig.

Ich kann euch diesen Zustand nicht weiter erklären. Wenn ihr ihn erreichen wollt, wendet euch dann in der *Nirwana-Schrift* dem Kapitel über den unzerstörbaren Körper und in der Schrift *Aussprüche Vimalakīrtis* dem Kapitel über das Erblicken des Unbeweglichen Buddha zu: Kontempliert darüber, in aller Ruhe, und denkt darüber nach, erforscht sie sorgfältig und lest sie gründlich. Wenn ihr dann mit diesen Schriften vollständig vertraut seid und dieses Bewußtsein, gleichgültig, was ihr tut, aufrechterhalten könnt, auch angesichts der Fünf Wünsche und Acht Winde, dann ist euer reines Verhalten fest gegründet und eure Aufgabe erfüllt. Ihr seid dann keinem Körper, der geboren wird und stirbt, mehr unterworfen.

Die Fünf Wünsche sind die Wünsche nach Form, Klang, Duft, Geruch und Gefühl. Die Acht Winde sind Gewinn und Verlust, Lob und Tadel, Ehre und Spott, Freude und Schmerz. Aus diesem Grund glätten Übende die Buddhanatur und arbeiten an ihr. Es ist kein Wunder, daß jemand in diesem Körper keine Unabhängigkeit erlangt. In der Schrift steht: »Wenn es in dieser Welt nirgends einen Platz für einen Buddha gibt, können erleuchtende Wesen unmöglich darin arbeiten.«

Wenn ihr von diesem konditionierten Körper frei werden wollt, unterscheidet dann nicht mehr zwischen der Schärfe und Dumpfheit der menschlichen Fähigkeiten, die doch der Vergangenheit angehören. Die besten von ihnen sind ja doch flüchtig wie ein Augenblick, die schlechtesten dauern viele Äonen.

Wenn ihr die Kraft und die Zeit besitzt, die Wurzeln der 33 Tugenden der Nächstenliebe entsprechend der jeweiligen Natur der Menschen zu entwickeln, euch und anderen auf diese Weise zu helfen und dadurch ein Buddha-Land zu schmücken, so müßt ihr die Vier Stützen verstehen und herausfinden, wie die Wirklichkeit tatsächlich ist. Wenn ihr euer

Vertrauen auf den Buchstaben setzt und euch an ihn klammert, werdet ihr die wahre Quelle verlieren.

34   Für Bettelmönche, die den Weg als Entsagende kennenlernen möchten, ist es eine Tatsache, daß »die Heimat zu verlassen« bedeutet, sich den Fesseln von Geburt und Tod zu entwinden: Das heißt »die Heimat verlassen«.

    Wenn deutlichste Bewußtheit vollständig anwesend und der Weg erfolgreich gegangen ist, werdet ihr, selbst wenn ihr euch auflöst, unmittelbar die Buddhaschaft erlangen, sofern ihr im Augenblick des Todes nicht die rechte Bewußtheit verliert.

35   Diese Abhandlung habe ich verfaßt, indem ich mich, in Übereinstimmung mit dem Glauben, schlicht an den Sinn der Schriften hielt. Denn mein Wissen ist noch nicht durch vollständige Erfahrung gedeckt. Wenn in dieser Schrift etwas enthalten ist, was im Gegensatz zu den Prinzipien des Buddha steht, will ich gerne Buße tun und es wieder entfernen. Was aber in Übereinstimmung mit dem Pfad des Buddha ist, übergebe ich hiermit allen Wesen, in der Hoffnung, daß jeder das eigentliche Bewußtsein kennenlernen und umgehend Erleuchtung erlangen wird. Mögen alle, die dieses Werk hören, zukünftige Buddhas werden. Ich hoffe, ihr werdet zuerst meine Anhänger befreien.

36   Frage: Alles in dieser Abhandlung, vom Anfang bis zum Ende, zeigt, daß das uns innewohnende Bewußtsein der Weg ist. Gehört sie nun zur Kategorie der Verwirklichung oder zur Kategorie der Praxis?

    Antwort: Der Kern dieser Abhandlung ist, das Eine Fahrzeug zu enthüllen. Ihr letztes Ziel ist daher, die Getäuschten zu führen, so daß sie sich aus den Verstrickungen von Geburt und Tod lösen können. Dann können sie andere befreien. Solange man nur von Hilfe für sich selbst und nicht von Hilfe für andere spricht, ist das charakteristisch für die Kategorie der Praxis. Wer aber diese Praxis in Übereinstimmung mit diesem Text durchführt, wird der Erste sein, der Buddhaschaft erlangt. Wenn ich euch täusche, will ich in achtzehn Höllen hinabfahren. Ich schwöre bei Himmel und Erde: Sage ich nicht die Wahrheit, dann sollen mich Tiger und Wölfe fressen – Leben um Leben.

Chan-Meister Cijiao von Changlu
Modelle für eine Meditation im Sitzen

Wer nach Erleuchtung strebt und sich Weisheit erwerben will, 1
sollte in erster Linie eine Einstellung des großen Mitleids entwickeln und ein allumfassendes Gelübde ablegen, die Aufgabe der Konzentration meistern zu wollen. Er sollte versprechen, andere zu befreien, nicht die Befreiung für sich allein zu
suchen.

Dann, und erst dann, sollte er alle Gegenstände loslassen 2
und alle Sorgen zur Ruhe kommen lassen, so daß Körper und
Geist eine einzige So-heit sind und keine Lücke zwischen Bewegung und Bewegungslosigkeit mehr besteht.

Eßt und trinkt mäßig, nehmt weder zuviel noch zuwenig zu 3
euch. Ordnet eure Schlafgewohnheiten, schränkt den Schlaf
nicht zu sehr ein, gebt euch ihm aber auch nicht zu ausgiebig
hin.

Wenn ihr euch zur Meditation im Sitzen anschickt, breitet 4
an einem ruhigen, aufgeräumten Ort eine dicke Sitzmatte aus.
Tragt eure Kleidung ungezwungen, doch beachtet die allgemeine Ordnung in Haltung und Betragen.

Setzt euch dann in Lotosstellung nieder. Legt zuerst den 5
rechten Fuß auf den linken Schenkel, dann den linken Fuß auf
den rechten Schenkel. Auch die halbe Lotosstellung reicht
schon aus. Legt dann nur den linken Fuß aufs rechte Bein, das
ist alles.

Legt als nächstes die rechte Hand, Handfläche nach oben, 6
auf den linken Fußknöchel und die linke Hand, Handfläche
nach oben, auf die Handfläche der rechten. Dabei stellen die
beiden Daumen einander auf.

Richtet dann den Körper langsam auf und wiegt euch ein 7
wenig nach links und nach rechts, um schließlich aufrecht dazusitzen. Neigt euch dabei nicht nach links oder rechts, lehnt
euch auch nicht vor oder zurück. Richtet Hüftgelenk, Rückgrat

und Schädelbasis aufeinander aus, so daß das Untere das Obere trägt und ihr wie ein Stupa aussieht. Doch steif sollte euer Körper dabei nicht sein, denn das behindert den Atem und macht ihn schwerfällig. Die Ohren sollten senkrecht über den Schultern, die Nase senkrecht über dem Nabel stehen. Die Zunge ruht am Gaumen, die Lippen berühren sich, die Zähne berühren sich.

8   Die Augen sollten leicht geöffnet sein, um Vergessenheit und Schläfrigkeit zuvorzukommen. Wenn ihr rechte Konzentration durch Meditation erlangen wollt, so gibt dieses Offenhalten der Augen ungeheure Kraft. In alter Zeit gab es hervorragende Mönche, die, spezialisiert auf Konzentrationsübungen, beim Sitzen immer ihre Augen offenhielten. Auch Chan-Meister Fayun Yuantong tadelte Menschen, die mit geschlossenen Augen in Meditation saßen. Er nannte das eine »Geisterhöhle im finsteren Gebirge«. Darin liegt also ein tiefer Sinn, dessen sich gute Schüler wohl bewußt sein sollten.

9   Habt ihr einmal die richtige Körperhaltung eingenommen und euren Atem darauf abgestimmt, entspannt den Unterleib. Denkt an nichts Gutes oder Schlechtes. Steigt ein Gedanke auf, nehmt einfach Notiz davon. Sobald ihr ihn bemerkt, verschwindet er. Schließlich vergeßt ihr alle Gedankeninhalte und gelangt ganz von selbst zur Einheit. Das ist die große Kunst der Zen-Meditation im Sitzen.

10   Doch obwohl Zen-Meditation im Sitzen tatsächlich ein wissenschaftlich fundierter Weg zu Frieden und Glückseligkeit ist, betreiben sie viele Leute auf eine pathologische, krankmachende Art. Das liegt daran, daß sie ihr Denken nicht korrekt auf die Meditation abstimmen. Wenn ihr die Sache richtig anpackt, wird sich euer Körper ganz von selbst leicht und frei anfühlen, und euer Lebensgeist wird klar und durchdringend sein. Echte Bewußtheit ist ausnehmend klar. Der Duft der Wahrheit hilft dem Geist, und ihr erfahrt reine Glückseligkeit in einem Zustand tiefster Heiterkeit.

11   Für alle, die schon ein Erwachen erlebt haben, kann man es mit einem Drachen vergleichen, der Wasser findet, oder einem Tiger im Gebirge. Für alle jedoch, die noch kein Erwa-

chen erlebt haben, läuft es immer noch darauf hinaus, daß sie den Wind benützen, um Feuer anzufachen. Doch die dafür erforderliche Anstrengung ist nicht groß. Macht das Bewußtsein nur empfangsbereit, und ihr werdet nicht betrogen.

Trotzdem: Wenn der Weg erhaben ist, sammeln sich die Dämonen. Alle möglichen Dinge schrecken und locken. Aber solange ihr in echter Bewußtheit verharrt, kann nichts euch zurückhalten. 12

Das *Shūrangama-Sūtra*, die Tiantai-Handbücher des »Anhaltens und Sehens« und Guifengs *Richtlinien zur Entwicklungsarbeit und Verwirklichung* beschreiben solche Bezauberungen ausführlich. Alle, deren Vorbereitung noch nicht genügt, sollten sich diese Schriften unbedingt ansehen. 13

Wenn ihr dann aus dem Zustand der Konzentration wieder austreten wollt, wiegt den Körper langsam hin und her und richtet ihn in aller Ruhe vorsichtig wieder auf. 14

Nach dem Austreten aus der Konzentration setzt stets alle geeigneten Mittel ein, um die Kraft der Konzentration zu bewahren, so als paßtet ihr auf ein Baby auf. Dann wird es euch nicht schwerfallen, die Kraft der Konzentration zu vervollkommnen. 15

Konzentration durch Meditation ist ein höchst dringliches Ziel. Wenn ihr nicht ruhig meditiert und still nachdenkt, werdet ihr euch in dieser Hinsicht hilflos und verlassen fühlen. Auch wenn ihr nach einer Perle sucht, ist es ja das beste, zuerst die Wogen zu glätten. Es würde euch schwerfallen, die Perle zu finden, wenn ihr vorher das Wasser aufgewühlt hättet. Wenn das Wasser der Konzentration still und klar ist, zeigt sich die Perle des Geistes von selbst. 16

Deshalb steht in der *Schrift des vollständigen Erwachens*: 17 »Ungehinderte, reine Weisheit stammt aus der Konzentration durch Meditation.« Und die *Lotos-Schrift* sagt: »Übe an ungestörtem Ort die innere Sammlung und beruhige das Denken so, daß es bewegungslos wird wie der Polarberg.« So wissen wir also, daß man sich, um das Profane zu überschreiten und über das Heilige hinauszukommen, der ruhigen Meditation bedienen muß. Um im Sitzen zu sterben oder im Stehen hinzuscheiden, muß man sich auf die Kraft der Meditation stützen.

18   Auch wenn ihr das ganze Leben über arbeitet, könnte es doch sein, daß ihr keinen Erfolg habt. Das gilt um so mehr, wenn ihr eure Zeit verschwendet! Was wollt ihr dann unternehmen, um eurem Karma gewachsen zu sein? Das ist der Grund, weshalb die Alten sagten, daß man sich, wenn einem die Kraft der Konzentration fehlt, willig dem Tod unterwirft, sein Leben vergeblich lebt und nichts erkennt wie ein umherziehender Vagabund.

19   Ich hoffe, daß meine meditierenden Mitgefährten diesen Traktat immer wieder lesen. Dadurch wären sie sich selbst und anderen behilflich, das wahre Erwachen zu erlangen.

Chan-Meister Foxin Bencai

Richtlinien zur Meditation im Sitzen

Seid bei der Meditation im Sitzen im Herzen mutig und im 1
Haupt offen und ehrlich. Reinigt das Selbst und leert das Herz.
Kreuzt die Beine und blickt und hört nach innen. Seid in aller
Klarheit wach und achtsam, dann bleibt ihr stets vor Vergessenheit einerseits, Erregung andererseits bewahrt. Dringt etwas ins Bewußtsein ein, so tut euer Möglichstes, es wieder
hinauszuwerfen.

Untersucht in ruhiger Konzentration die Dinge in Klarheit 2
und wahrer Bewußtheit. Was vom Sitzen Notiz nimmt, ist das
Bewußtsein, und was nach innen blickt, ist ebenfalls das Bewußtsein. Was das Sein und das Nicht-Sein, die Mitte und die
beiden Enden, das Innen und das Außen erkennt, ist das Bewußtsein. Dieses Bewußtsein ist leer, doch empfänglich, still,
doch achtsam. Rund und hell, vollkommen klar, läßt es sich
weder von Vorstellungen des Nichts noch von Vorstellungen
der Ewigkeit gefangennehmen. Geistige Achtsamkeit strahlt
hell, und ihr Urteil ist niemals falsch.

Wir treffen heutzutage immer wieder auf Schüler, die ihr Be- 3
stes tun, um richtig zu sitzen, und doch nicht erwachen. Das
liegt daran, daß sie von Begriffen abhängig sind und daß ihre
Empfindungen an Vorurteilen und Unwahrheiten kleben. In
ihrer Verwirrung wenden sie der wahren Grundlage den
Rücken zu und verschreiben sich irrtümlich einem falschen
Quietismus oder Aktivismus. Aus diesem Grund scheitern sie
beim Ziel der Erleuchtung.

Wenn ihr euch konzentrieren und euren Geist so klären 4
könnt, daß ihr im Innersten mit dem Unerschaffenen harmo-
niert, wird der Spiegel der Erkenntnis gereinigt, und die Blume
des Geistes wird plötzlich aufblühen. Endlose Verstrickungen
in Begriffe werden unmittelbar wegschmelzen, und äonenlang
aufgehäufte Unwissenheit wird sich im Nu auflösen.

5 Es ist so, wie wenn man etwas vergessen hat und sich plötzlich daran erinnert, oder wie wenn man krank ist und mit
einem Schlag gesund wird. Dann quillt Freude im Inneren auf,
und ihr wißt, ihr werdet ein Buddha werden. Dann wißt ihr
auch, daß es keinen separaten Buddha außerhalb des Bewußtseins gibt.

6 Und danach werdet ihr euch um so mehr im Einklang mit
eurer Erleuchtung um die innere Arbeit bemühen und Verwirklichung durch innere Arbeit erfahren. Die Quelle der Verwirklichung der Erleuchtung ist die Identität von Bewußtsein,
Buddha und allen Lebewesen. Dies wird Aufgehen in der Einheit des Erkennens und Handelns genannt. Es wird auch der
»mühelose Pfad« genannt.

7 Jetzt könnt ihr alle Dinge »umstellen«, ohne euch selbst
durch Sinne und Gegenstände entfremdet zu werden. Alles
aufgreifend, was euch begegnet, seid ihr abwechselnd Gast
und Gastgeber. Das Auge der Welt ist klar geworden, Gegenwart und Vergangenheit sind erneuert worden. Ganz natürlich
erlangt ihr die Fähigkeit der direkten geistigen Schau. Deshalb
sagte Vimalakīrti: »Ein aktives Leben zu führen, ohne doch aus
dem Aufgehen im Verlöschen emporzutauchen, das nenne ich
ruhiges Sitzen.«

8 Also sollten wir wissen, daß sich der Mond im Wasser spiegelt, wenn es ruhig ist, daß das Bild vollständig ist, wenn der
Spiegel rein ist. Für Menschen, die sich um den Weg bemühen, ist es wesentlich, zu sitzen und zu meditieren. Andernfalls geht ihr in alle Ewigkeit nur im Kreis.

9 Das mag manchem unangenehm in den Ohren klingen,
aber ich bringe es nicht über mich zu schweigen. So habe ich
einige allgemeine Regeln aufgeschrieben, die den Menschen
helfen sollen, die wahre Quelle zu finden. Wenn ihr eure
Übungen nicht vernachlässigt, erlangt ihr die gleiche Verwirklichung.

Zen-Meister Dōgen

Allgemeine Empfehlungen zur Meditation im Sitzen

Der Weg ist von Grund auf vollständig und vollkommen, alles durchdringend. Wie könnte er da von innerer Arbeit und Verwirklichung abhängen? 1

Das Fahrzeug der Quelle ist frei. Wozu dann diese Mühe? 2

Das ganze Wesen ist völlig jenseits schmutzigen Staubes. Wer glaubt da noch an eine Methode, es sauberzuwischen? 3

Das große Ganze ist nicht getrennt von hier. Warum also irgendwo hingehen, um dort zu üben? 4

Trotzdem ist die geringste Disharmonie wie die Entfernung zwischen Himmel und Erde: Sobald Abstoßung und Anziehung auftreten, verliert ihr, verwirrt, euer reines Bewußtsein. 5

Auch wenn ihr euch großen Verständnisses rühmen könnt und, nachdem ihr einen Schimmer von Einsicht erhascht habt, in Erkenntnis schwelgt; auch wenn ihr den Weg entdeckt und das Bewußtsein begreift, entschlossen, zum Himmel emporzufliegen; auch wenn ihr frei im Bezirk des uranfänglichen Eingangs umherschweift – so fehlt euch doch immer noch etwas auf der lebendigen Straße der Befreiung. 6

Selbst Gautama Buddha, der doch über angeborene Erkenntnis verfügte, saß sechs Jahre lang aufrecht. Das ist ein sehr bemerkenswertes Beispiel. Und wenn jemand von der Übertragung des Bewußtseinssiegels in Shaolin erzählt, erwähnt er immer noch die ruhmvolle Tat des neun Jahre langen Starrens auf eine Mauer. Wenn unsere Alten sich so verhielten, warum sollten wir Heutigen es nicht ebenso machen? 7

Deshalb solltet ihr mit dem intellektuellen Gehabe, Worte zu klauben und Aussprüchen nachzugrübeln, aufhören und lernen umzukehren, nämlich das Licht »umzustellen« und zurückzublicken. Dann werden Körper und Geist ganz natürlich aller Inhalte entleert werden, und die ursprüngliche Verfassung wird sich offenbaren. 8

9   Wenn ihr etwas erreichen wollt, müßt ihr die richtigen Bedingungen für eure Bemühungen schaffen. Für intensive Zen-
Meditation ist ein ruhiger Raum gerade richtig. Eßt und trinkt
mäßig. Laßt dann alle Gedankeninhalte los, nehmt Urlaub von
allen Sorgen, denkt nicht an Gut oder Böse, kümmert euch
nicht um Richtig oder Falsch, haltet die Operationen des Verstandes, Intellektes und Bewußtseins an, hört auf mit den Be-
wertungen durch Denken, Phantasie und Anschauung. Strebt
nicht danach, ein Buddha zu werden. Wie könnte sich so ein
Ziel auf Meditation im Sitzen oder Liegen beschränken?

10   Breitet eine dicke Sitzmatte aus, wo ihr sonst auch zu sitzen
pflegt, und legt ein Kopfkissen oben an. Ihr könnt in der vollen
Lotosstellung sitzen oder in der halben Lotosstellung. Bei der
vollen Lotosstellung legt zuerst den rechten Fuß auf den linken
Schenkel, dann den linken Fuß auf den rechten Schenkel. Bei
der halben Lotosstellung legt nur den linken Fuß auf den rechten Schenkel. Tragt bequeme Kleidung und haltet sie in Ordnung.

11   Als nächstes legt die rechte Hand auf das linke Bein und die
linke Hand auf die rechte Hand, wobei die Handflächen nach
oben weisen. Die beiden Daumen stehen sich gegenüber und
stellen einander auf.

12   Jetzt setzt euch aufrecht hin, den Körper gerade. Lehnt euch
nicht nach links, beugt euch nicht nach rechts, auch nicht
nach vorne oder hinten. Die Ohren sollten in einer Linie mit
den Schultern liegen, die Nase in einer Linie mit dem Nabel.
Die Zunge ruht am Gaumen, Zähne und Lippen sind geschlossen. Die Augen sollten stets offen sein. Der Atem geht leicht
durch die Nase.

13   Wenn die physische Form in Ordnung gebracht ist, atmet
einmal voll durch den Mund aus, wiegt euch nach links und
nach rechts und bleibt dann vollkommen ruhig sitzen.

14   Denkt an das, was nicht denkt. Wie denkt man an das, was
nicht denkt? Indem man nicht denkt.

15   Das ist im wesentlichen die Kunst der Zen-Meditation im
Sitzen.

16   Was ich Zen-Meditation im Sitzen nenne, ist aber nicht die

Praxis des *dhyāna*. Es ist vielmehr eine Methode, die zu Zufriedenheit führt, ein praktischer Weg zur Erfahrung und gründlichen Erforschung der Erleuchtung: Die objektive Realität wird manifest, jenseits aller Täuschungsfallen.

Wenn ihr die Bedeutung dieser Worte verstehen könnt, werdet ihr wie ein Drache sein, der sich zum Wasser begibt, wie ein Tiger in den Bergen. Ihr werdet wissen, daß die Wahrheit evident geworden ist, während Vergessenheit und Ablenkung überwunden sind. 17

Erhebt ihr euch wieder aus der sitzenden Stellung, so bewegt den Körper ganz allmählich und richtet ihn vorsichtig auf. Beeilt euch nicht, seid nicht rücksichtslos. 18

Wir haben immer wieder sehen können, wie das Profane überschritten und die Grenzen des Heiligen überwunden wurden, wie die sterbliche Schale im Sitzen ausgegossen wurde oder wie Menschen stehend aus dem Leben schieden: All dies hängt davon ab, mit welcher Kraft ihr das Sitzen durchführt. 19

Und was läßt sich über die Zustandsänderungen sagen beim Heben eines Fingers, einer Stange, einer Nadel, eines Hammers? Was über die Verwirklichungen der Harmonie beim Schwenken eines Besens, einer Faust, eines Stockes, bei einem Schrei? Diese Vorgänge sind der Erkenntnis durch Verstand und Begrifflichkeit doch immer entzogen gewesen. Wie sollten sie durch Arbeit an der Verwirklichung übernatürlicher Kräfte erkannt werden? 20

Man könnte das Sitzen als würdiges Verhalten jenseits von Klang und Form charakterisieren. Ist es nicht ein Vorbild und Sinnbild, das jeder Erkenntnis und Schau vorausgeht? Als solches hängt es nicht davon ab, ob jemand mehr oder weniger Intelligenz besitzt. Es geht hier nicht um den Unterschied zwischen dem Schnellen und dem Langsamen. Eindeutig ausgerichtete Konzentration: das ist es, was die Arbeit auf dem Weg ausmacht. 21

Übung und Verwirklichung sind ganz von selbst nicht verunreinigt. Des weiteren besteht der Prozeß des Strebens nach dem Ziel darin, daß man normal ist. 22

Was auch immer sie sind: die eigene Welt und die Reiche 23

anderer, West und Ost – sie tragen in gleicher Weise das Siegel des Buddha und sind eins, fest gegründet auf dem Weg der Quelle.

24 Arbeitet einfach weiter im Sitzen, bleibt unbeweglich. Auch wenn scheinbar zehntausend Unterschiede und tausend Differenzen auftreten, bleibt einfach bei intensiver Meditation, um so den Weg zu meistern.

25 Warum einen Sitz im eigenen Haus verlassen, um sinnlos auf den staubigen Straßen fremder Länder umherzuirren? Ein einziger Fehltritt, und ihr verpfuscht, was doch zum Greifen nahe liegt.

26 Da ihr den Schlüssel des menschlichen Körpers empfangen habt, vergeudet eure Zeit nicht nutzlos: Bewahrt und behaltet das wesentliche Potential des Buddhaweges.

27 Wer wäre so töricht, die Augen auf Ziele zu richten, die nur einen flüchtigen Augenblick dauern? Fügt zu dieser Überlegung den Umstand hinzu, daß der Körper wie ein Tautropfen im Gras ist und ein Leben wie ein kurzer Blitz: Im Nu sind sie leer, in einem Augenblick sind sie verschwunden.

28 Geistige Menschen, die sich diesem Studium widmen und lange gelernt haben, wie man einen Elefanten mit der Hand spürt, sollten bei einem wirklichen Drachen nicht mißtrauisch sein. Schreitet entschlossen auf dem geraden Weg der direkten Zielgerichtetheit voran und ehrt Menschen, die über Lernen hinausgeschritten und über Anstrengung hinausgelangt sind. Gewinnt Anteil an der Erleuchtung der Buddhas, ererbt das Bewußtsein der Zen-Gründer.

29 Da wir so lange *so* gewesen sind, sollten wir auch *so* sein. Der Schatz erschließt sich von selbst, um dann willentlich gebraucht zu werden.

Son-Meister Chinul

Geheimnisse der Arbeit am Bewußtsein

Die dreifache Welt mit ihrem verwirrenden Leid ist wie ein   1
brennendes Haus. Wer erträgt es, lange darin zu verweilen
und bereitwillig dauernde Qualen zu erleiden?

Wollt ihr nicht mehr ständig im Kreis gehen, so gibt es   2
nichts, was dem Streben nach Buddhaschaft vergleichbar
wäre. Wollt ihr nach Buddhaschaft streben, so ist Buddha Bewußtsein. Müßt ihr dieses Bewußtsein in weiter Ferne suchen?
Nein, es ist nicht vom Körper getrennt.

Der materielle Körper ist zeitlich und hat Geburt und Tod.   3
Das wirkliche Bewußtsein aber ist wie der Raum, unendlich
und unveränderlich. Deshalb heißt es: »Wenn der physische
Körper verfällt und sich wieder in Feuer und Luft auflöst, bleibt
doch ein Etwas bewußt, das ganze All umfassend.«

Die Menschen sind heutzutage ungemein verwirrt. Sie wis-   4
sen nicht, daß ihr eigenes Bewußtsein der wirkliche Buddha ist.
Sie wissen nicht, daß ihr eigenes Wesen der wirkliche Dharma
ist. In ihrem Wunsch, den Dharma zu suchen, schreiben sie ihn
weit entfernten Weisen zu. In ihrem Wunsch, die Buddhaschaft
zu suchen, beachten sie ihr eigenes Bewußtsein nicht.

Wenn ihr sagt, Buddha sei außerhalb des Bewußtseins und   5
Dharma sei außerhalb des Wesens, und den Weg der Buddhaschaft sucht, indem ihr euch fest an diese Empfindungen
klammert, so könnt ihr jahrhundertelang euren Körper bren-
nen lassen, eure Arme versengen, euch die Knochen brechen
und das Mark herausziehen, euch Wunden zufügen und
Schriften mit dem eigenen Blut abschreiben, lange Zeit sitzen,
ohne euch zu setzen, nur einmal am Tag essen, den ganzen
Kanon durchlesen und alle möglichen Asketen-Übungen
durchführen – es wird euch alles nichts nützen. Es wäre so,
wie wenn man Sand erhitzte, um Reis zu kochen. Es würde nur
eure Müdigkeit vergrößern.

6   Lernt nur euer eigenes Bewußtsein kennen, und ihr werdet euch unzählige Lehren und unendlich feine Bedeutungen, ohne im geringsten danach suchen zu müssen, aneignen. Das ist der Grund, weshalb der weltweit Geehrte sagte: »Alle fühlenden Wesen beobachtend, sehe ich, daß sie vollständig mit der Erkenntnis und den Tugenden von Buddhas ausgestattet sind.« Auch sagte er: »Alle Lebewesen und alle Arten illusorischer Ereignisse werden geboren im vollkommen wachen, subtilen Bewußtsein jener, die die So-heit verwirklichen.«

7   Wir wissen also, daß keine Buddhaschaft außerhalb unseres Bewußtseins zu erlangen ist. Die Menschen der Vergangenheit, die die Buddhaschaft verwirklicht haben, waren Menschen, die das Bewußtsein verstanden, und die Heiligen und Weisen der Gegenwart sind Menschen, die an ihrem Bewußtsein arbeiten. Auch Schüler der Zukunft sollten sich nach diesem Grundsatz richten.

8   Menschen, die den Weg praktizieren, sollten nicht außerhalb suchen. Das Wesen des Bewußtseins kennt keine Verunreinigung. Es ist von Anfang an vollständig und vollkommen an sich. Löst es nur von den illusorischen Objekten, und es wird zur wahren So-heit erleuchtet.

9   Frage: Wenn die Buddhanatur in unserem Körper gegenwärtig ist, so ist sie ja auch vom gewöhnlichen Menschen nicht getrennt. Warum nehmen wir dann die Buddhanatur nicht schon jetzt wahr?

10   Antwort: Sie ist in eurem Körper, aber ihr nehmt sie nicht wahr. Ihr wißt stets, wann ihr hungrig seid, ihr wißt, wann ihr durstig seid, ihr wißt, wann ihr friert, ihr wißt, wann ihr schwitzt. Manchmal werdet ihr zornig, manchmal freut ihr euch – was ist es denn, was all dies verrichtet?

11   Nun also, der materielle Körper ist aus vier Elementen zusammengesetzt: Erde, Wasser, Feuer und Luft. Deren Substanz ist fühllos. Wie könnten sie wahrnehmen oder denkend erkennen? Das, was wahrnehmen und denkend erkennen kann, muß eure Buddhanatur sein.

12   Deshalb sagte Linji: »Die vier groben Elemente können die Lehre weder erklären noch auf die Lehre hören. Ebenso kann

der Raum die Lehre weder erklären noch auf die Lehre hören. Nur das eine Licht, das klar vor euch scheint und keine Form besitzt, kann die Lehre erklären und auf die Lehre hören.«

Was er »das keine Form besitzt« nennt, ist der Siegelabdruck 13 der Wahrheit aller Buddhas und euer ursprüngliches Bewußtsein. Also ist die Buddhanatur in eurem Körper gegenwärtig. Warum solltet ihr sie außerhalb suchen? Wenn ihr es nicht glaubt, will ich euch ein paar Geschichten erzählen, wie die Weisen des Altertums den Weg betraten, um euch die Beseitigung aller Zweifel zu ermöglichen. Euer Glaube sollte auf einem klaren Verständnis der Wahrheit beruhen.

Es war einmal ein König, der einen buddhistischen Heiligen 14 fragte: »Was ist Buddhaschaft?«

Der Heilige sagte: »Das Wesen zu sehen ist Buddhaschaft.«

Der König fragte: »Kannst du das Wesen sehen?«

Der Heilige sagte: »Ich sehe das Wesen der Erleuchtung.«

Der König fragte: »Wo ist das Wesen?«

Der Heilige sagte: »Das Wesen ist in der Funktion.«

Der König fragte: »Was ist das für eine Funktion, die im Hier und Jetzt nicht sichtbar ist?«

Der Heilige sagte: »Sie ist als Funktion im Hier und Jetzt, nur siehst du sie nicht.«

Der König fragte: »Ist sie in mir?«

Der Heilige sagte: »Wann immer du handelst, so ist sie es. Wenn du nicht handelst, ist es wieder schwierig, das Wesen zu sehen.«

Der König fragte: »Wenn das Wesen angewendet werden soll – an wie vielen Stellen tritt es dann auf?«

Der Heilige sagte: »Wenn es auftritt, muß es acht Stellen dafür geben.«

Der König sagte: »Bitte erläutere mir diese acht Manifestationen.«

Der Heilige sagte: »Im Mutterleib wird es Körper genannt. In der Gesellschaft wird es Persönlichkeit genannt. In den Augen wird es Gesicht genannt. In den Ohren wird es Gehör genannt. In der Nase unterscheidet es Gerüche. In der Zunge spricht es. In den Händen greift und hält es. In den Füßen geht und läuft es. Es manifestiert sich überall, schließt alles ein. Unzählige Welten sind in einem einzigen Atom eingeschlossen. Einsichtige wissen: Das ist die Buddhanatur, das Wesen der Erleuchtung. Unwissende nennen es die Seele.«

Als der König das hörte, wurde sein Bewußtsein dem Verständnis geöffnet.

15   Ein anderes Mal fragte ein Mönch Meister Guizong: »Was ist Buddha?«

Guizong sagte: »Wenn ich es dir so geradezu sagte, fürchte ich, du wirst es nicht glauben.«

Der Mönch sagte: »Wenn du die Wahrheit sprichst, warum sollte ich dir nicht glauben?«

Guizong sagte: »Du selbst bist es.«

Der Mönch fragte: »Wie kann ich es bewahren?«

Guizong sagte: »Wenn nur ein kleiner Fremdkörper im Auge sitzt, zeigt sich am Himmel ein Blumenschauer.«

Bei diesen Worten erlangte der Mönch Einsicht.

16   Diese Geschichten, die ich euch über Umstände, unter denen die Weisen des Altertums den Weg betraten, erzählt habe, sind klar und einfach. Durch sie lassen sich ganz gewiß Kräfte sparen. Wenn ihr durch sie wahres Verständnis gewinnt, geht ihr Hand in Hand mit den alten Weisen.

17   Frage: Du sprichst davon, das Wesen zu sehen. Also sind jene, die wirklich das Wesen gesehen haben, Weise. Als solche sollten sie sich aber von anderen Menschen unterscheiden, über besondere geistige Kräfte verfügen und Wunder tun. Warum gibt es heute keinen einzigen Übenden, der über geistige Kräfte verfügt und Wunder tut?

18   Antwort: Seid nicht zu voreilig und sprecht nicht unüberlegt. Wer das Falsche nicht vom Wahren unterscheidet, ist ein Wirrkopf und täuscht sich. Die heutigen Schüler auf dem Weg sprechen zwar über die Wahrheit, aber im Herzen werden sie gleichgültig und fallen in den Fehler zurück, blind zu sein – sie sind es, an denen du Zweifel äußerst. Schüler auf dem Weg zu sein, ohne zu wissen, was vorausgeht und was folgt, vom Prinzip zu sprechen, ohne Wurzel und Zweig unterscheiden zu können: Das heißt »falsche Meinung« und hat mit Arbeit am

Schülertum nichts zu tun. Ihr führt euch dann nicht nur selbst auf einen falschen Weg, sondern auch andere. Solltet ihr da nicht Vorsicht walten lassen?

Es gibt viele Möglichkeiten, den Weg zu betreten. Aber im 19 wesentlichen gehören sie alle zu zwei Kategorien: der plötzlichen Erleuchtung und dem stufenweisen Üben. Und auch wenn wir von plötzlicher Erleuchtung und einer Praxis sprechen, die sofort am Ziel ist, so handelt es sich nur um jene Schüler, die mit den größten Möglichkeiten und dem größten inneren Potential ausgestattet den Weg betreten. Und wenn ihr ihre Vergangenheit untersucht, werdet ihr entdecken, daß sie schon in vielen Leben von plötzlicher Erleuchtung ausgehende, stufenweise Praxis ausgeübt haben, so daß sie im gegenwärtigen Leben die Erleuchtung sofort nach dem Hören der Wahrheit verwirklichen und in einem Augenblick am Ziel sind. In Wirklichkeit gehören also auch diese Menschen zur Kategorie jener, die zuerst erleuchtet sind und dann üben.

Also sind diese beiden Aspekte – plötzlich und stufenweise 20 – die Richtlinien, denen alle Weisen folgen. Seit unvordenklichen Zeiten sind alle Weisen zunächst erwacht und haben dann ihre Übungen durchgeführt, um schließlich auf der Basis dieser Übungen den Beweis durch Erfahrung zu erlangen. Sogenannte geistige Kräfte und Wunder manifestieren sich nur durch auf der Grundlage der Erleuchtung durchgeführte stufenweise Übung.

Es ist nicht so, daß sie sofort, unmittelbar nach der Erleuchtung, aufträten. Deshalb steht in der Schrift: »Das abstrakte Prinzip wird plötzlich verstanden, aber konkrete Probleme werden erst mittels dieses Verständnisses geklärt. Sie werden nicht plötzlich, in einem Augenblick geklärt, sondern nur dadurch, daß man sie ordentlich durcharbeitet.«

Aus diesem Grund sagte Guifeng, als er einmal ausführlich 21 erklärte, daß man zuerst erwachen und dann üben müsse: »Das Bewußtsein ist ein zugefrorener Teich: Obwohl ganz aus Wasser bestehend, braucht er zum Auftauen die Energie der Sonne. Wenn gewöhnliche Menschen erwachen, sind sie schon Buddhas. Aber dann brauchen sie die Kraft des Dharma, um weiter an sich zu arbeiten. Wenn Eis schmilzt, wird Wasser flüssig und strömt. Nur dann kann es seine Aufgabe der Bewässerung erfüllen. Wenn die Täuschung ein Ende hat, ist der Geist offen und durchdringend und vollführt mit Leichtigkeit die Aufgabe des Lichtes geistiger Kräfte.«

22   So lassen sich also geistige Kräfte und Wunderkräfte nicht an einem Tag erwerben. Sie treten erst nach stufenweiser Arbeit auf. Und, was mehr ist, vom Standpunkt der Menschen aus, die angelangt sind, gehören übernatürliche Kräfte doch immer noch zur Erscheinungswelt und haben für den Weisen nur geringen Wert. Auch wenn sie sich zeigen, ist es nicht recht, sie gebrauchen zu wollen.

23   Wirrköpfe und Unwissende stellen sich heutzutage vor, nach einem plötzlichen Erwachen würden sich unmittelbar zahllose feine Funktionen, geistige Kräfte und Wunder einstellen. Schließt ihr euch dieser Meinung an, so bedeutet das, daß ihr nicht wißt, was zuerst kommt und was danach folgt, und die Wurzel nicht vom Zweig unterscheiden könnt. Wenn ihr Erleuchtung sucht, ohne zu wissen, was zuerst kommt und was danach folgt, was Grundlage und was Ableitung ist, so ist das, wie wenn man versuchen wollte, einen viereckigen Pfahl in ein rundes Loch zu schlagen. Wäre das nicht ein großer Fehler?

24   Da ihr die richtige Methode nicht kennt, glaubt ihr, vor einem gähnenden Abgrund zu stehen, und verliert entmutigt euer Interesse. Viele gibt es, die sich ihr inneres Potential zur Erleuchtung auf diese Weise abschneiden. Und da sie selbst die Erleuchtung nicht erlangt haben, glauben sie auch nicht, daß andere sie erreicht haben könnten. Sie sehen Erleuchtete ohne geistige Kräfte, schauen deshalb verächtlich auf sie herab und halten die Weisen und Heiligen für Betrüger und Scharlatane. Das ist wirklich ein Jammer.

25   Frage: Du sagst, die beiden Kategorien plötzlicher Erleuchtung und stufenweiser Übung seien die von allen Weisen befolgten Richtlinien. Wenn aber Erleuchtung plötzliche Erleuchtung ist, wozu dann noch stufenweise Übung? Und wenn Übung stufenweise Übung ist, warum dann von plötz-

licher Erleuchtung sprechen? Bitte erkläre uns die Bedeutung von plötzlich und stufenweise etwas näher, um auch unsere letzten Zweifel auszuräumen.

Antwort: Was die plötzliche Erleuchtung betrifft, so glauben 26 gewöhnliche Menschen, solange sie sich im Zustand der Täuschung befinden, ihre Körper seien materielle Gebilde und ihr Bewußtsein bestehe aus zufälligen Gedanken. Sie wissen nicht, daß das ihnen innewohnende Wesen der eigentliche Körper der Realität ist. Sie wissen nicht, daß ihre eigene wache Achtsamkeit der wirkliche Buddha ist. Sie suchen den Buddha außerhalb des Bewußtseins und laufen, vom Zufall gelenkt, von einem Impuls zum anderen.

Wenn euch ein echter Lehrer einen Weg zum Eintritt zeigt 27 und ihr eure Aufmerksamkeit auch nur für einen einzigen Augenblick »umstellt«, seht ihr euer ursprüngliches Wesen. Dieses Wesen ist ursprünglich frei von Bedrängnissen. Unverdorbene Weisheit ist ihm inhärent und vollständig darinnen. Dann seid ihr nicht verschieden von den Buddhas. Deshalb heißt es »plötzliche Erleuchtung«.

Was die stufenweise Übung betrifft, so ist es, sobald man 28 das fundamentale Wesen plötzlich verwirklicht hat und von Buddha nicht verschieden ist, schwer, anfangslose Denkgewohnheiten mit einem Schlag loszuwerden. Deshalb führt man auf Erleuchtung beruhende Übungen durch und führt das Erlangen stufenweise zur Vollkommenheit, indem man das Embryo der Weisheit bis zur Reife nährt. Nach langer Zeit wird man schließlich ein Weiser. Deshalb heißt es »stufenweise Übung«. Es ist wie bei einem Kind, das schon bei Geburt über alle normalen Fähigkeiten verfügt, doch noch unentwickelt. Erst im Lauf der Jahre wird es erwachsen.

Frage: Durch welche geeigneten Mittel können wir unser 29 Bewußtsein plötzlich »umstellen«, um das uns innewohnende Wesen zu erkennen?

Antwort: Es handelt sich schlicht um euer Bewußtsein. Wel- 30 che sonstigen Mittel wollt ihr da noch anwenden? Wenn ihr geeignete Mittel anwendet, um weiter nach Einsicht und Verständnis zu suchen, so ist das, als wenn ihr eure eigenen

Augen sehen wolltet, in der Meinung, ihr hättet keine, da ihr sie nicht seht. Es sind ja eure eigenen Augen, wie also könntet ihr sie sehen? Solange ihr sie nicht verloren habt, nennt man sie »sehende Augen«. Wenn ihr nicht mehr den Wunsch habt zu sehen: Glaubt ihr dann schon, ihr könntet nicht mehr sehen? Ebenso ist es mit der wachen Achtsamkeit. Da es sich um das eigene Bewußtsein handelt, wie könnte man danach streben, es zu sehen? Wenn ihr nach Verständnis sucht, versteht ihr gewiß nicht. Erkennt einfach das, was nicht versteht. Das heißt »das Wesen zu sehen«.

31   Frage: Die hochstehendsten Menschen verstehen sofort, schon beim Hören. Durchschnittliche und geringere Menschen aber sind nicht frei von Zweifeln. Bitte gib uns weitere Erklärungen über die Mittel, die verwirrten Menschen Richtung und Zugang zum Weg geben.

32   Antwort: Der Weg liegt nicht im Bereich des Wissens oder Nicht-Wissens. Befreit euch von einem Bewußtsein, das in seiner Verwirrung die Erleuchtung vorwegnehmen will, und hört auf das, was ich euch sage. Alle Dinge sind wie Träume, Illusionen oder Zauberkunststücke. Daher sind irrige Gedanken im Grunde Schweigen, während materielle Gegenstände im Grunde Leere sind. Die Leere aller Dinge bleibt der wachen Achtsamkeit nicht verborgen. Also ist dieses Bewußtsein mit wacher Achtsamkeit in bezug auf Schweigen und Leere eure ursprüngliche Verfassung. Es ist auch das Siegel des Dharma, esoterisch von den Buddhas der Vergangenheit, Gegenwart und Zukunft den Zen-Meistern künftiger Generationen und allen echten Lehrern auf der Welt übertragen.

33   Wenn ihr dieses Bewußtsein verwirklicht, so ist es das, was genannt wird: »direkt zur Stufe der Buddhaschaft hinaufsteigen, ohne die Treppen erklettern zu müssen«. Jeder eurer Schritte überschreitet dann die dreifache Welt. Nach Hause zurückkehrend, setzt ihr allen Zweifeln mit einem Mal ein Ende. Dann seid ihr Lehrer der Menschen und der Himmlischen. Mit Mitleid und Weisheit unterstützt ihr einander und erfüllt damit das Prinzip der Selbsthilfe und Hilfe für andere. Würdig aller menschlichen und himmlischen Hilfe, seid ihr in

der Lage, täglich über zehntausend Unzen Gold zu verfügen. Wenn ihr so geworden seid, große Menschen im wahren Sinn des Wortes, ist eure Lebensaufgabe erfüllt.

Frage: Was unseren gegenwärtigen Zustand betrifft – worin 34 besteht das Bewußtsein der wachen Achtsamkeit in bezug auf Schweigen und Leere?

Antwort: Was euch befähigt, mir diese Frage zu stellen, ist 35 schon euer Bewußtsein der wachen Achtsamkeit in bezug auf Leere und Schweigen. Warum sucht ihr immer noch außerhalb, statt nach innen zu blicken? Ich werde jetzt direkt auf das ursprüngliche Bewußtsein in euch hinweisen, um euch die Möglichkeit zum Erwachen zu geben. Klärt also euer Bewußtsein und hört zu, was ich euch sage.

Vierundzwanzig Stunden am Tag wirkt und handelt ihr auf 36 alle mögliche Weise. Ihr seht und hört, lacht und sprecht, zürnt und frohlockt, behauptet und leugnet: Nun sagt mir, wer ist es denn, der auf diese Weise wirkt und handelt?

Wenn ihr sagt, es sei der physische Körper, der wirke, wieso 37 kommt es dann, daß, wenn das Leben eines Menschen gerade zu Ende ist, der Körper sich aber noch nicht aufgelöst hat, seine Augen nicht sehen können, seine Ohren nicht hören können, seine Nase nicht riechen kann, seine Zunge nicht sprechen kann, sein Körper sich nicht bewegt, seine Hände nicht greifen, seine Füße nicht schreiten? Also wissen wir, daß das, was sehen, hören und handeln kann, euer eigentliches Bewußtsein sein muß, nicht euer physischer Körper.

In Wirklichkeit sind die groben Elemente dieses physischen 38 Körpers an sich leer, wie Bilder in einem Spiegel, wie der im Wasser sich reflektierende Mond. Wie könnten sie zu einer vollkommen klaren, dauernden Achtsamkeit, vollkommen durchsichtig, empfindsam und wirksam, mit zahllosen feinen Funktionen, imstande sein? Daher heißt es: »Geistige Kräfte und feine Funktionen – Wasserholen und Holzschleppen«.

Aber es gibt viele Wege des Zugangs zum Prinzip. Ich will 39 euch jetzt nur einen Eingang zeigen, durch den ihr zur Quelle zurückkehren könnt. Hört ihr das Krächzen der Krähen und das Kreischen der Häher?

40   (Antwort der Schüler:) Ich höre es.

41   Jetzt wendet euch um und hört auf euer horchendes Wesen. Befinden sich auch so viele Geräusche darin?

42   (Antwort der Schüler:) Wenn ich mich dorthin begebe, sind alle Geräusche und Unterscheidungen ungreifbar geworden.

43   Herrlich, herrlich! Das ist des »Gesunden Sehers« Pforte zum Prinzip! Nun laßt mich weiterfragen: Ihr sagt, daß, wenn ihr euch dorthin begebt, alle Geräusche und alle Unterscheidungen vollkommen ungreifbar sind. Und da sie nicht gegriffen werden können: Bedeutet das nicht, daß in diesem Augenblick dort nur leerer Raum existiert?

44   (Antwort der Schüler:) Im Ursprung nicht leer, ist er aber doch offensichtlich nicht verborgen.

45   Was ist die Substanz, die nicht leer ist?

46   (Antwort der Schüler:) Sie hat keine Form. Es gibt keine Möglichkeit, sie in Worte zu fassen.

47   Das ist das Leben der Buddhas und Zen-Meister. Zweifelt also nicht länger. Da es keine Form hat, wie könnte es Umfang besitzen? Da es keinen Umfang besitzt, wie könnte es Grenzen haben? Da es keine Grenzen hat, hat es kein Inneres und kein Äußeres. Da es kein Inneres und kein Äußeres hat, gibt es kein Fern oder Nah. Ohne Fern oder Nah gibt es kein Dort oder Hier. Da es kein Dort oder Hier gibt, gibt es auch kein Kommen und Gehen. Da es kein Kommen und Gehen gibt, gibt es auch keine Geburt und keinen Tod. Ohne Geburt und Tod gibt es keine Vergangenheit und Gegenwart. Ohne Vergangenheit und Gegenwart gibt es keine Täuschung und Erleuchtung. Wenn es keine Täuschung und Erleuchtung gibt, gibt es keine gewöhnlichen oder heiligen Menschen. Wenn es nichts Gewöhnliches oder Heiliges gibt, gibt es keine Unreinheit oder Reinheit. Da es keine Unreinheit oder Reinheit gibt, gibt es kein Urteil über Richtig und Falsch. Ohne Urteil über Richtig und Falsch sind alle Begriffe und Aussagen ungreifbar. Und wenn es keine derart subjektiven Zustände und falschen Vorstellungen gibt, sind alle Arten von Erscheinungen und alle Sorten von Bezeichnungen ungreifbar. Ist das nicht ursprüngliches leeres Schweigen, ursprüngliches Nichts-Sein?

Doch in dem Zustand, in dem alle Dinge leer sind, ist die 48
wache Achtsamkeit nicht verdunkelt. Es ist nicht dasselbe, wie
nicht mehr zu empfinden. Die Loslösung eures Geistes ist die
reine Substanz eures Bewußtseins mit wacher Achtsamkeit in
bezug auf leeres Schweigen. Und dieses reine, wache, ruhige
Bewußtsein ist das zuhöchst reine, leuchtende Bewußtsein der
Buddhas in Vergangenheit, Gegenwart und Zukunft. Es ist
auch das Wesen der Achtsamkeit, das die Wurzelquelle aller
Lebewesen ist.

Wer das erkennt und dabei verweilt, sitzt in der einen So- 49
heit und ist unveränderlich befreit. Aber wer sich davon entfernt und abwendet, durchwandert in alle Ewigkeit die Sechs
Bahnen und irrt endlos umher. Deshalb heißt es, daß sich von
dem einen Bewußtsein zu entfernen und die Sechs Bahnen zu
durchwandern, »Aufbruch« oder »Unruhe« ist, während zur
Realität zu erwachen und zu dem einen Bewußtsein zurück-
zukehren, »Ankunft« oder »Ruhe« bedeutet.

Aber obwohl es ein Unterschied ist, ob sich jemand davon 50
entfernt oder es verwirklicht, ist dennoch die eigentliche
Quelle nur eine. Aus diesem Grund heißt es, daß sich der
Dharma aufs Bewußtsein der Lebewesen bezieht. Von diesem
offenen, schweigenden Bewußtsein ist in einem Weisen nicht
mehr und in einem gewöhnlichen Menschen nicht weniger.
Deshalb heißt es, daß es im Weisen Erkenntnis ist, die trotzdem nicht blendet, während es im gewöhnlichen Menschen
verborgen ist, aber trotzdem nicht getrübt wird.

Da es also im Weisen nicht mehr und im gewöhnlichen 51
Menschen nicht weniger ist, wie können sich die Buddhas und
Zen-Meister von anderen Menschen unterscheiden? Was sie
von anderen Menschen unterscheidet, ist nur, daß sie in der
Lage sind, ihr eigenes Bewußtsein und Denken zu hüten.
Wenn ihr vollkommenes Vertrauen aufbringen könnt, hören
eure Empfindungen und Zweifel auf einen Schlag auf und machen einem gesunden Willen Platz, so daß ihr echte Schau
und Verständnis entdecken und ihren Geschmack schmecken
könnt. Dann gelangt ihr ganz natürlich auf die Stufe spontaner
Erkenntnis.

52   Das ist die Einsicht eines Menschen, der sich anschickt, an seinem Bewußtsein zu arbeiten. Es gibt dann keine Stufen oder Schritte mehr. Aus diesem Grund spricht man von »plötzlich«. Es ist wie der Ausspruch, daß wahrer Glaube nur erlangt wird, wenn die Grundlage des Glaubens Übereinstimmung mit der vollkommenen Buddhaschaft ist.

53   Frage: Wenn es nach der Verwirklichung dieses Prinzips keine Stufen mehr gibt, warum besteht dann noch die Notwendigkeit anschließender Übungen, stufenweiser Bewußtseinsarbeit und stufenweiser Vervollkommnung?

54   Antwort: Ich habe euch die Bedeutung stufenweiser Übungen nach der Erleuchtung schon erklärt. Doch da ich sehe, daß eure Zweifel noch nicht behoben sind, will ich es noch einmal erklären. Reinigt also euer Bewußtsein, damit ihr wirklich zuhören und deutlich verstehen könnt.

55   Der gewöhnliche Mensch bewegt sich seit unvordenklichen Zeiten im Kreis. Er wird geboren und stirbt in den Fünf Bahnen der Existenz. Da er sich fest an Bilder von sich selbst, falsche Vorstellungen und Wahrnehmungen klammert, werden ihm die Gewohnheiten der Illusion schließlich zur zweiten Natur. Selbst wenn er in diesem Leben plötzlich erwacht und realisiert, daß seine eigentliche Natur im wesentlichen leer und schweigend ist und sich nicht von den Buddhas unterscheidet, ist es trotzdem schwierig, die in der Vergangenheit erworbenen Gewohnheiten mit einem Schlag zu beseitigen.

56   Deshalb zürnt und frohlockt er, wenn er ärgerlichen oder erfreulichen Ereignissen begegnet. Es treten im Überfluß Urteile über Richtig und Falsch auf und entfernen sich wieder, und die Bedrängnisse durch äußere Einflüsse sind heute dieselben wie gestern. Wenn ein solcher Mensch von der Kraft, die in der transzendenten Einsicht liegt, keinen Gebrauch macht, wie könnte er dann seine Unwissenheit auslöschen, um zum Zustand der großen Ruhe und Stille zu gelangen? Deshalb heißt es: »Wenn du plötzlich erwachst, ist, obwohl du dann dasselbe wie Buddha bist, die Energie der Gewohnheiten vieler Leben noch tief in dir verwurzelt. Hat auch der Wind zu blasen aufgehört, so wogen die Wellen doch weiter. Ist auch der

Geist manifest geworden, so dringen doch immer noch Gedanken ein.«

Im gleichen Sinne sagte Meister Gao: »Hin und wieder erwachen Menschen mit besonderen Fähigkeiten ohne große Anstrengung. Aber dann werden sie selbstzufrieden und vernachlässigen ihre Arbeit an sich selbst, und schließlich fallen sie wieder in die frühere Verwirrung zurück, ohne dem Sich-ständig-im-Kreis-Drehen zu entkommen.« Wie dürften wir also die sich anschließende Arbeit am Bewußtsein vernachlässigen, nur weil wir ein einziges Mal erwacht sind? 57

Deshalb ist es erforderlich, nach dem Erwachen sich selbst ständig zu beobachten und zu prüfen. Wenn plötzlich irrige Gedanken aufsteigen, laßt euch auf keinen Fall auf sie ein. Reduziert sie, reduziert sie, bis ihr an den Punkt des Aufhörens jeder Spekulation gelangt, der das Endziel darstellt. Das ist die von allen Erleuchteten nach der Erleuchtung durchgeführte Übung des »Ochsenhütens«. Obwohl sie also auch danach noch üben, haben sie doch die plötzliche Erleuchtung schon verwirklicht. 58

Irrige Gedanken sind absolut leer. Das Wesen des Bewußtseins ist absolut rein. Das Böse immer wieder anzuhalten, ohne irgendein Anhalten, und das Gute immer wieder zu entwickeln, ohne irgendein Entwickeln, das ist wahres Anhalten und wahres Entwickeln. Deshalb heißt es, daß auch, wenn ihr mit Zehntausenden von Übungen vollauf beschäftigt wäret, nur das Nicht-Denken als Basis gelten kann. 59

Auch Guifeng traf die grundsätzliche Unterscheidung zwischen den beiden Aussagen, daß man zuerst die Erleuchtung erlangt und danach weiter an ihr arbeitet. Er sagte: »Man erkennt plötzlich, daß dieses Wesen ursprünglich frei von Bedrängnissen ist. Das Wesen nicht verunreinigter Erkenntnis ist schon an sich vollständig und unterscheidet sich nicht von Buddha. Darauf beruhende Übungen durchzuführen, heißt ›Zen des Höchsten Fahrzeugs‹, wird aber auch ›reines Zen jener‹ genannt, ›die die So-heit realisieren‹. Wenn ihr diese Übungen Augenblick für Augenblick durchführen könnt, und zwar in stufenweiser Praxis, so werdet ihr ganz natürlich Hun- 60 derte, ja Tausende geistiger Zustände erlangen. Das ist das Zen, das in der Schule des Bodhidharma vermittelt wurde.« So sind also plötzliche Erleuchtung und stufenweise Übung wie die zwei Räder eines Wagens. Wenn eines fehlt, fährt er nicht.

61   Manche Menschen, die nicht wissen, daß Gut und Böse im wesentlichen Leere sind, denken, die Arbeit am Bewußtsein durch Übungen bedeute, steif und unbeweglich dazusitzen und Körper und Geist zu unterdrücken, wie wenn man einen Stein aufs Gras legt. Aber das wäre lächerlich! Deshalb heißt es, daß Buddha-Jünger in jedem Bewußtseinszustand die Verwirrung beseitigen, daß aber ein Denken, das diese Beseitigung absichtlich vornimmt, ein »Räuber« ist.

62   Betrachtet nur mit aller Klarheit, daß Töten, Stehlen, Rauben und Falschheit aus der Natur entstehen – und entstehen, ohne daß etwas entsteht, und daß sie sich sofort wieder in Nichts auflösen. Welche Notwendigkeit sollte dann bestehen, sie noch weiter anzuhalten? Das ist der Grund, weshalb es heißt, daß wir aufsteigende Gedanken nicht fürchten sollten, sondern nur fürchten sollten, wir entdeckten sie zu spät. Auch heißt es: »Sobald Gedanken aufsteigen, nimm sofort Notiz von ihnen. Bist du ihrer einmal bewußt geworden, existieren sie nicht länger.«

63   So gibt es zwar im Erleben erleuchteter Menschen Bedrängnisse im Zusammenhang mit der äußeren Welt, aber sie alle erzeugen nur den feinsten, exquisitesten Duft. Macht euch nur bewußt, daß Verwirrung ohne Grundlage, daß die dreifache Welt der Illusion wie vom Wind gekräuselter Rauch ist und daß die schemenhaften Bereiche der Sechs Sinne wie in heißem Wasser schmelzendes Eis sind.

64   Wenn ihr dies von Augenblick zu Augenblick durchführen könnt, niemals vergeßt, aufmerksam zu sein, und darauf achtet, daß Konzentration und Einsicht gleichermaßen beibehalten werden, werden sich Liebe und Haß ganz natürlich verflüchtigen und ausdünnen, während andererseits Mitleid und Weisheit ganz natürlich an Kontur zunehmen. Sündige Taten werden auf natürliche Weise ein Ende finden, während verdienstvolle Taten auf natürliche Weise zunehmen.

Und wenn die Bedrängnisse ein Ende finden, hören auch 65
Geburt und Tod auf. Wenn die feinen Ströme im Innern dauerhaft ein Ende finden, bleibt allein noch die große Erkenntnis der vollständigen Achtsamkeit übrig, strahlend klar. Dann manifestiert ihr Millionen Emanationskörper in den Landen der Zehn Himmelsrichtungen, in Antwort auf das dann wahrgenommene Potential, wie der Mond, der am höchsten Himmel auftaucht und dessen Widerschein sich auf Zehntausende Gewässer verteilt. Und ihr arbeitet dann in geeigneter Weise daran, zahllose Wesen, die Affinität zur Buddhaschaft haben, zu befreien, froh, glücklich und schmerzfrei. Das wird »große Erleuchtung« genannt, geehrt von der Welt.

Frage: Die Bedeutung dessen, daß Konzentration und Ein- 66
sicht im Prozeß der stufenweisen Arbeit gleichermaßen beibehalten werden müssen, ist uns noch nicht ganz klar. Bitte gib uns weitere Erklärungen und detaillierte Anweisungen, damit wir unsere Verwirrung durchbrechen können, und führe uns zur Pforte der Befreiung.

Antwort: Wollten wir Grundsätze zum Eintritt in die innere 67
Wahrheit aufstellen, so gäbe es Tausende von Methoden. Doch sie alle sind unter die Kategorien der Konzentration und Einsicht einzuordnen. Zusammenfassend läßt sich über deren Wesensmerkmale sagen, daß sie nichts anderes als die Substanz und Funktion unserer eigenen Wesensnatur sind. Sie sind das oben erwähnte leere Schweigen und die wache Achtsamkeit.

Konzentration ist die Substanz, Einsicht ist die Funktion. Da 68
aber Funktion mit Substanz identisch ist, ist Einsicht von Konzentration nicht getrennt, und da Substanz mit Funktion identisch ist, ist Konzentration von Einsicht nicht getrennt. Deshalb sagte Caoqi: »Auf dem Grund des Bewußtseins herrscht keine Verwirrung. Es ist in sich fest gegründet. Das Bewußtsein am Grund kennt keine Torheit. Es ist an sich weise.«

Wenn ihr auf diese Art erwacht, sind das Loslassen und die 69
Erleuchtung in Schweigen und Achtsamkeit keine zwei Dinge mehr. Das ist der »plötzliche« Weg, bei dem man sowohl Konzentration als auch Einsicht als Paar gemeinsam entwickelt.

70   Wenn wir davon sprechen, daß wir uns zuerst des tiefen Schweigens bedienen müssen, um das konditionierte Denken auszulöschen, und dann der wachen Achtsamkeit, um die Vergessenheit auszulöschen, und wenn diese Heilmittel des Anfangs und der Folge in ein gegenseitiges Gleichgewicht und in Harmonie gebracht sind, um in die Ruhe zu führen, dann gilt das als der stufenweise Weg. Das ist die Praxis der Menschen mit geringerem Potential. Obwohl sie behaupten, sie behielten Wachheit und Schweigen gleichermaßen bei, klammern sie sich doch an die Praxis der absichtlichen Beruhigung. Wie könnten sie als Menschen gelten, die ihre Aufgabe vollbracht haben, die niemals vom fundamentalen Schweigen und der fundamentalen Achtsamkeit getrennt sind und auf natürliche Weise die gleichzeitige Entwicklung beider durchführen? Wie Caoqi sagte: »In der absichtlichen Beruhigung sind spontane Erleuchtung und Entwicklung durch Übung nicht zu finden. Wenn du von Anfang bis zum Ende nur ein Quietist bist, bist du immer noch verwirrt.«

71   So ist also für Adepten das Prinzip, Konzentration und Einsicht gleichermaßen beizubehalten, keine Sache der Bemühung. Es geht spontan und mühelos vor sich, ohne besonderes Zeitschema. Beim Sehen und beim Hören sind sie in der So-heit. Beim Sich-Ankleiden und Essen sind sie in der So-heit. Beim »großen und kleinen Geschäft« sind sie in der So-heit. Beim Gespräch sind sie in der So-heit. Was immer sie tun: gehen, stehen, sitzen, liegen, sprechen, schweigen, frohlocken, zürnen – zu allen Zeiten und in allen Dingen sind sie in der So-heit, wie leere, auf den Wellen treibende Boote, die mit jedem Auf und Ab der Wellen mitgehen, wie ein sich durch die Berge windender Fluß, der sich in den Windungen windet und in den Geraden geradeaus fließt – ohne an irgendeinen Zustand des Bewußtseins zu denken. Sie leben heute wie auch morgen vertrauensvoll in Übereinstimmung mit der Natur, passen sich allen Umständen ohne Behinderung oder Verhinderung an, halten Gut und Böse nicht an, treiben Gut und Böse nicht an. Sie sind einfach und geradlinig, ohne Künstlichkeit, normal wahrnehmend.

Dann gibt es kein einziges Atom mehr, aus dem man einen 72
Gedankeninhalt machen könnte. Warum sich also darum
bemühen, irgend etwas zu reinigen? Ohne irgendeinen Gedanken, der Empfindungen erzeugt, gibt es keine Notwendigkeit mehr, Gedankeninhalte vergessen zu müssen.

Doch alle, deren Widerstände noch groß, deren Gewohn- 73
heiten träge sind, deren Vorstellungskraft langsam und deren
Bewußtsein schwankend ist, alle, in denen Unwissenheit stark
und Einsicht schwach ist, alle, die in guten und schlechten Situationen nicht anders können, als abwechselnd in Unruhe
und Ruhe zu verfallen, und keinen Frieden kennen, kommen
nicht voran, ohne daß sie daran arbeiten, Gedankeninhalte zu
vergessen und das Bewußtsein zu klären.

Also heißt es: Wenn die sechs Sinnesvermögen beherrscht 74
werden, so daß das Bewußtsein sich nicht mit Inhalten beschäftigt, so wird das als »Konzentration« bezeichnet. Und
wenn Bewußtsein und Umgebung beide leer sind und die
strahlende Achtsamkeit von Verwirrung frei ist, so wird das als
»Einsicht« bezeichnet.

Obwohl dies eine förmliche Methode, eine stufenweise Me- 75
thode zur Verwirklichung von Konzentration und Einsicht für
Menschen mit geringerem Potential ist, muß im Zusammenhang mit heilsamen Lehren und Übungen doch davon gesprochen werden.

Falls große Aufregung herrscht, nehmt eure Zuflucht zuerst 76
zur Konzentration, um euch mit dem Geist in Einklang zu bringen und dem scheuenden Bewußtsein Zügel anzulegen.
Wenn ihr euch dann nicht auf Gedankeninhalte einlaßt,
taucht ihr in die ursprüngliche Stille ein.

Falls große Vergessenheit herrscht, dann nehmt als nächstes 77
eure Zuflucht zur Einsicht, um die Dinge zu analysieren und
über die Leere zu kontemplieren. Wenn das Bewußtsein frei
von Verwirrung ist, taucht ihr in die ursprüngliche Achtsamkeit ein.

Durch Konzentration bringt ihr die unordentlich schwei- 78
fende Phantasie zum Stillstand, durch Einsicht die Unvernunft.
Wenn sowohl Unruhe als auch Ruhe vergessen werden,

kommt es zur Heilung. Wenn ihr euch dann mit den Dingen befaßt, kehrt jeder vorbeiziehende Gedanke zur Quelle zurück. Und wenn ihr euch mit Situationen konfrontiert seht, verschmilzt jeder Bewußtseinszustand mit dem Weg.

79   Nur wenn ihr beides spontan und gemeinsam praktiziert, könnt ihr als frei gelten. Wenn ihr so beschaffen seid, könnt ihr mit Recht als Menschen bezeichnet werden, die Konzentration und Einsicht gleichermaßen beibehalten und die Buddhanatur deutlich erblicken.

80   Frage: Im Sinne der Unterscheidungen, die du getroffen hast, gibt es zwei Bedeutungen für die gleichzeitige Beibehaltung von Konzentration und Einsicht im Prozeß der Arbeit nach der Erleuchtung. Eine davon bezieht sich auf spontane Konzentration und Einsicht, die andere auf förmliche Konzentration und Einsicht.

81   In bezug auf spontane Konzentration und Einsicht hast du gesagt, daß auf natürliche Weise auftretende stille Achtsamkeit ursprünglich nicht spekulativ ist und daß es dann kein einziges Atom mehr gibt, aus dem man einen Gedankeninhalt machen könnte. Warum sich also darum bemühen, irgend etwas zu reinigen? Ohne irgendeinen Gedanken, der Empfindungen erzeugt, gibt es keine Notwendigkeit mehr, Gedankeninhalte vergessen zu müssen.

82   Bei der Beschreibung der förmlichen Konzentration und Einsicht hast du davon gesprochen, daß man sich in Einklang mit dem Prinzip bringen sollte, das scheuende Bewußtsein zur Ordnung rufen, die Phänomene analysieren, die Leere kontemplieren und das Bewußtsein ausgleichen und abstimmen sollte, um Vergessenheit und Ablenkung zu beseitigen, was zu völliger Abwesenheit jeglicher Spekulation führt. Und indem du diese Unterscheidung triffst, sagst du, es handle sich hier um die stufenweise Methode, die von Menschen mit geringerem Potential praktiziert wird.

83   Aber ich hege doch noch Zweifel über die beiden Methoden zu Konzentration und Einsicht. Wenn du sagst, sie müßten von ein und demselben Individuum durchgeführt werden, bedeutet das dann, daß man sich zuerst auf die doppelte Praxis spon-

taner Konzentration und Einsicht stützt, danach aber auch die heilende Arbeit förmlicher Konzentration und Einsicht in Angriff nimmt? Oder ist es so, daß man sich zunächst auf die förmliche Methode, durch Ausgeglichenheit und Abstimmung Vergessenheit und Ablenkung zu beseitigen, verläßt und erst danach und dadurch in spontane Konzentration und Einsicht eintritt?

Wenn wir uns zunächst auf spontane Konzentration und 84 Einsicht stützen – sie sind natürliches Schweigen und Achtsamkeit –, so gibt es weiter keine heilende Arbeit mehr. Warum sollten wir dann auch noch förmliche Konzentration und Einsicht durchführen? Das wäre doch so, wie wenn man die Qualität weißer Jade verdürbe, indem man eine Zeichnung darauf eingravierte.

Wenn wir aber zunächst formelle Konzentration und Ein- 85 sicht praktizieren, bis sich ihre Heilwirkung zeigt, und danach zu spontaner Konzentration und Einsicht übergehen, so wäre das dasselbe, wie wenn man bei der stufenweisen Methode der Menschen mit geringerem Potential die stufenweise Arbeit vor der Erleuchtung praktizierte. Wie könnte so etwas als »plötzliche« Methode bezeichnet werden, bei der es sich doch darum handelt, zuerst zu erwachen und erst danach Übungen durchzuführen, indem man mühelos Mühe anwendet?

Geschehen aber die beiden Arten von Konzentration und 86 Einsicht, die plötzliche und die stufenweise, gleichzeitig, so daß keine der anderen vorausgeht, so sind sie doch voneinander verschieden. Wie könnten sie dann gleichzeitig durchgeführt werden? So stützt sich also der Mensch, der sich der unmittelbaren Methode bedient, auf den spontanen Weg und bewegt sich mühelos mit dem Strom. Jene mit geringerem Potential dagegen bedienen sich der stufenweisen Methode und folgen dem förmlichen Weg, wobei sie sich mit Hilfe von »Heilmitteln« Mühe geben. Die Potentiale, für die sich die beiden Methoden, die plötzliche und die stufenweise, jeweils eignen, sind nicht gleich. Es ist klar, daß eine der anderen überlegen ist. Wie können dann anfängliche Erleuchtung und darauffolgende Praxis in zwei Typen zerlegt werden? Bitte gib uns eine umfassende Erklärung, damit wir unsere Zweifel beheben können.

87 Antwort: Die Analyse ist vollkommen klar. Ihr erzeugt nur eure eigenen subjektiven Zweifel. Ihr klaubt Worte und erzeugt eine Interpretation nach der anderen. Dadurch erzeugt ihr immer noch mehr Zweifel und Verwirrung. Würde euch aber der Sinn deutlich werden, so würdet ihr alle Worte vergessen und euch nicht ständig bemühen, die Probleme hin- und herzuwenden. Aber gut: Wenden wir uns den beiden deutlich unterscheidbaren Arten der Praxis bei den beiden Methoden zu!

88 Die Praxis spontaner Konzentration und Einsicht ist die »plötzliche« Methode, mit müheloser Mühe ausgeführt. Beide, Konzentration und Einsicht, sind wirksam, doch ruhig, entwickeln spontan das innere Wesen und erfüllen auf natürliche Weise den Weg der Buddhas. Die Praxis förmlicher Konzentration und Einsicht dagegen ist die stufenweise Methode, von Menschen mit geringerem Potential vor der Erleuchtung angewendet, welche heilende Arbeit verrichten und danach streben, jeglichen Gedanken fest ins Auge zu fassen, um aller Verwirrung und besitzergreifenden Beruhigung ein Ende zu machen.

89 Die Praxisarten dieser beiden Methoden, der plötzlichen und der stufenweisen, unterscheiden sich deutlich voneinander und dürfen nicht miteinander verwechselt werden. Und wenn wir im Rahmen des Prozesses der stufenweisen Entwicklung nach der Erleuchtung auch über die förmlichen, heilenden Übungen sprechen, so ist darin nicht alles enthalten, was von jenen, deren geringeres Potential der stufenweisen Methode bedarf, durchgeführt wird. Es handelt sich dann nur darum, zeitweise einen möglichst günstigen Weg einzuschlagen.

90 Und warum ist das so? Weil sich unter jenen, die sich für die »plötzliche« Methode eignen, sowohl solche befinden, deren Potential anderen überlegen ist, als auch solche, deren Potential anderen unterlegen ist. Daher kann man an ihre Übungen nicht den gleichen Maßstab anlegen.

Was jene betrifft, die nicht unter schweren Bedrängnissen 91
leiden, die nach Körper und Seele locker und gelassen sind,
die inmitten des Guten vom Guten gelöst und inmitten des
Bösen vom Bösen gelöst sind, die von den Acht Winden nicht
bewegt werden und ruhig die drei Arten der Sinneswahr-
nehmung akzeptieren, so stützen sie sich auf spontane Konzentration und Einsicht, die sie gleichzeitig und mühelos entwickeln, von Natur aus real und nicht künstlich, immer in
Meditation, ob aktiv oder ruhig. Sie erfüllen den Plan der
Natur. Warum sollten sie noch förmliche Übungen zu Heilzwecken verfolgen? Wo keine Krankheit ist, erübrigt sich die
Suche nach Arznei.

Was aber jene betrifft, die, obwohl sie zunächst ein plötz- 92
liches Erwachen verwirklicht haben, unter schweren Bedrängnissen leiden und starre mentale Gewohnheiten entwickelt
haben, die, von einem Gedanken zum andern, Empfindungen
gegenüber den Gegenständen Vorschub leisten, die in jedem
Bewußtseinszustand Konflikte mit Situationen hervorrufen,
deshalb benebelt und verwirrt sind und den Normalzustand
ihrer schweigenden Achtsamkeit immer wieder zerstören und
verdunkeln: Ihnen ziemt es, sich vorsorglich der förmlichen
Konzentration und Einsicht zu bedienen, heilsame Mittel nicht
zu verachten, ihr Bewußtsein auszugleichen und abzustim-
men, um Vergessenheit und Ablenkung zu beseitigen und dadurch in einen Zustand ohne Künstlichkeit einzutreten. Und
obwohl sie sich zeitweise heilender Übungen bedienen, um
ihre Gewohnheitsenergien auszuschalten, fallen sie doch,
weil sie bereits die plötzliche Verwirklichung der fundamentalen Reinheit des Wesens des Bewußtseins und der fundamentalen Leere von Bedrängnissen erreicht haben, nicht mehr in
die absichtliche Praxis jener zurück, die aufgrund ihres gerin-
geren Potentials die stufenweise Methode wählen.

Und warum ist das so? Wenn Übungen vor dem Erwachen 93
durchgeführt werden, wird dem Betreffenden, auch wenn er
unablässig an sich arbeitet und jeden Moment seine Übungen
durchführt, ein Zweifel nach dem anderen kommen. Und so
wird er nicht in der Lage sein, zu einem Zustand ohne innere

Widerstände zu gelangen. Es ist, wie wenn ein Stachel in seiner Brust steckte. Immer zeigen sich Spuren des Unbehagens. Und wenn heilende Übungen über eine lange Zeit hin bis zur Reife entwickelt werden, so daß Körper und Geist vom erworbenen Schmutz befreit und erleichtert scheinen, ja selbst, wenn jemand wirklich frei und erleichtert ist – solange er die Wurzel des Zweifels nicht abgeschnitten hat, sind zu Heilzwecken durchgeführte Übungen wie auf Gras gelegte Steine. Der Betreffende hat dann noch keine Freiheit im Reich von Geburt und Tod erlangt. Deshalb heißt es, daß eine Übung, die vor der Erleuchtung durchgeführt wird, keine wirkliche Übung ist.

94   Was aber Menschen betrifft, die die Erleuchtung verwirklicht haben, so kommt ihnen, selbst wenn sie über geeignete Techniken als Heilmaßnahmen verfügen, niemals ein Gedanke des Zweifels. Und niemals fallen sie mehr in die Gewohnheit der Absichtlichkeit zurück. Nach einer gewissen Zeit erreichen sie ganz natürlich den vollkommenen Einklang. Das von Natur aus reale, subtile Wesen ist bei ihnen spontan und schweigend achtsam, und richtet sich mit jedem vorbeiziehenden Gedanken auf die darin enthaltenen Gegenstände, während es mit jedem vorbeiziehenden Bewußtseinszustand die darin enthaltenen Bedrängnisse auslöscht. Dieser Zustand unterscheidet sich nicht von der Vollendung der höchsten Erleuchtung durch gleichzeitige Beibehaltung spontaner Konzentration und Einsicht. Auch wenn also förmliche Konzentration und Einsicht von jenen, deren Potential sich nur für die stufenweise Methode eignet, praktiziert werden, so läßt sich von ihnen, falls es Menschen sind, die die Erleuchtung verwirklicht haben, doch sagen, sie könnten Eisen in Gold verwandeln.

95   Wenn ihr das einseht, wie könnt ihr dann noch auf dualistischen Auffassungen beruhende Zweifel hegen, nur weil die beiden Methoden der Konzentration und Einsicht im Verhältnis des Vor- und Nacheinander stehen? Ich hoffe sehr, daß Menschen, die den Weg studieren, diese meine Worte gut prüfen, sie schätzen lernen und damit aufhören, sich durch Zweifel selbst zu behindern. Wenn sie den starken Willen haben,

die höchste Erleuchtung anzustreben – welche andere Zuflucht würde ihnen bleiben, wenn sie diese Lehren ablehnen?

Hängt nicht am Buchstaben! Begreift den Sinn und bezieht jede Aussage auf euch selbst, um mit der ursprünglichen Quelle zu verschmelzen. Dann wird spontan die Erkenntnis, die keinen Lehrer besitzt, auftreten, das Muster der natürlichen Realität wird vollkommen klar und unverdunkelt in Erscheinung treten, und ihr werdet den Körper der Weisheit erlangen und zur Erleuchtung kommen, ohne von jemandem abhängig zu sein. 96

Doch obwohl diese erhabenen Lehren für jedermann sind, wird niemand auch nur einen Gedanken an den ursprünglichen Glauben erzeugen können, der nicht schon den Samen der Weisheit gesät hat und Möglichkeiten und Fähigkeiten für das Große Fahrzeug besitzt. Falls nicht, wird er nicht nur nicht daran glauben, sondern es wird von Zeit zu Zeit auch Menschen geben, die diese Lehren verleumden und beschmutzen, wodurch sie eine ununterbrochene Hölle auf sich herabbeschwören. 97

Aber selbst wenn ihr an die Lehre nicht glaubt oder sie nicht akzeptiert, so schafft sie doch allein dadurch, daß sie überhaupt einmal an euer Ohr dringt, eine zeitweise Verbindung. Das Verdienst und die Kraft dieser Tatsache sind unermeßlich. Wie es in der Schrift *Das Geheimnis des einsamen Bewußtseins* heißt: »Wenn ihr hört, aber nicht glaubt, so bildet doch auch dies schon eine Ursache der Buddhaschaft. Wenn ihr strebt, aber nicht erreicht, so fügt auch dies dem Segen der Menschen und Himmlischen schon etwas hinzu, und das wahre Fundament der Buddhaschaft geht nicht verloren. Um wieviel, ja unendlich größer sind das Verdienst und die Kraft jener, die hören und glauben, streben und erreichen, unversehrt bewahren und nicht vergessen! Wie könnten ihr Verdienst und ihre Kraft gemessen werden?« 98

Wenn wir einmal an die unzähligen von uns in der Vergangenheit hinterlassenen Spuren denken: Wer könnte dann sagen, wieviel Tausende Äonen lang wir schon auf dem Weg der Dunkelheit in die ununterbrochene Hölle geschritten sind, 99 alle Arten des Elends in wer weiß wie vielen Formen erfahrend? Wenn wir also den Buddha-Weg suchen wollen, so würden wir für immer in der Dunkelheit versunken bleiben und unbewußt schlechte Taten tun, falls wir nicht guten Freunden begegneten.

100 Manchmal denken wir vielleicht darüber nach, und unbewußt entschlüpft uns dann ein klagender Seufzer. Aber wie ist es möglich, daß wir uns dann wieder beruhigen und alles auf die leichte Schulter nehmen, wenn so etwas doch darauf hinausläuft, daß wir die gleichen Nöte wieder und wieder erleben müssen? Und wer weiß, wer uns jemals wieder in die Lage versetzt, diesen Pfad zur Verwirklichung frei und unverfinstert zu finden? Unsere Lage kann doch jetzt mit der einer blinden Schildkröte verglichen werden, die ein Stück Treibholz findet, oder mit einem winzigen Samen, der genau auf eine Nadelspitze fällt.

101 Was ist glückseliger als der Weg? Wenn wir jetzt gleichgültig werden und wieder nachlassen, oder träge werden und immer wieder zurückschauen, werden wir in dem Augenblick, da wir unser Leben verlieren, in schlechte Neigungen zurückfallen und alle Arten von Schmerzen erleiden. Und selbst wenn wir dann auch nur eine einzige Zeile buddhistischer Lehre hören, glauben und verstehen wollten, akzeptieren und festhalten wollten, um unsrer Qual zu entrinnen – wie wäre das möglich?

102 Steht ihr einmal am Abgrund der Selbstzerstörung, so hat Reue keinen Zweck mehr. Deshalb bete ich darum, daß Menschen auf dem Weg nicht die Richtung verlieren und sich nicht an Gier und Sinnlichkeit festklammern, sondern so eifrig streben, als könnten sie sich dadurch vor dem Scheiterhaufen retten, und niemals vergessen, daß das Vergängliche flüchtig ist, der Körper wie der Tau des Morgens, das Leben wie ein Sonnenuntergang. Heute sind wir zwar noch hier, aber niemand garantiert uns ein Morgen! Denkt stets daran, denkt stets daran!

103 Auch wenn ihr euch noch zeitweise auf eine weltlich erzeugte Güte verlaßt, könnt ihr doch immer noch den elenden

Bahnen der schlechtesten Zustände des Seins entrinnen, außergewöhnliche Belohnungen in den höheren Zuständen des Seins erlangen und alle Arten der Glückseligkeit erleben. Um wieviel mehr ist so etwas möglich, wenn ihr euch an die tiefsten Lehren des Höchsten Fahrzeugs haltet. Auch nur einen winzigen Augenblick Glauben daran zu entwickeln, schafft so großes Verdienst und Kraft, daß nichts auch nur einem Quentchen davon gleichkommt.

Wie in der Schrift steht: »Wenn jemand den Raum einer aus 104 Milliarden Welten bestehenden Milchstraße mit Kostbarkeiten anfüllte und sie den Bewohnern jener Welten zum Geschenk machte, so daß sie alle die Fülle besäßen, und wenn er auch alle Bewohner jener Welten lehren würde, wie man die Vier Realisationen erreicht, so wäre sein Verdienst wohl unermeßlich und grenzenlos, käme aber doch nicht dem Verdienst und der Kraft gleich, die dadurch erlangt werden, daß man auch nur so lange, wie man zum Einnehmen einer Mahlzeit braucht, richtig über diese Lehre nachdenkt.«

Wir wissen also, daß diese unsere Lehren die edelsten und 105 wertvollsten sind, keinem anderen Verdienst und keiner anderen Kraft vergleichbar. Deshalb sagt die Schrift: »Ein Augenblick reinen Bewußtseins ist der Ort der Erleuchtung. So etwas ist besser, als unzählige Juwelenschreine zu errichten. Die Juwelenschreine zerfallen doch zu Staub, während ein Augenblick reinen Bewußtseins zum wahren Erwachen führt.«

Ich bete darum, daß Menschen auf dem Weg diese Worte 106 studieren und sie schätzen lernen und sie mit Ernst in sich bewahren. Wenn ihr euch nicht in diesem Leben befreit, in welchem Leben wollt ihr euch dann befreien? Wenn ihr jetzt die Übungen nicht durchführt, habt ihr eure Chance für Myriaden Äonen verpaßt. Doch wenn ihr jetzt, sollte es euch auch schwerfallen, eure Übungen durchführt, wird es allmählich leichter werden, bis es von selbst weitergeht.

Wie beklagenswert, daß heutzutage Menschen hungern 107 und doch nicht soviel Verstand besitzen, an einem königlichen Fest teilzunehmen, wenn sie dazu eingeladen werden! Sie sind krank und haben, wenn sie einem Meister-Arzt begegnen, doch nicht Verstand genug, die von ihm verschriebene Arznei zu schlucken. »Für Leute, die nicht selbst fragen, was zu tun ist, kann ich nichts tun.«

108   Des weiteren haben alle erzeugten irdischen Vorgänge Formen, die man sehen, und Wirkungen, die man untersuchen kann. Wenn die Menschen irgendein Ziel erreichen, halten sie das für etwas Herrliches. Aber die Quelle unseres Bewußtseins hat keine wahrnehmbare Gestalt oder sichtbare Form. Es gibt keine Möglichkeit, darüber zu sprechen, und keine Möglichkeit, darüber nachzudenken. Deshalb ist es für Dämonen und Außenseiter unmöglich, sie zu schmähen, während die Götter selbst sie nicht genug preisen können. Wie könnten also gewöhnliche Menschen mit ihrer oberflächlichen Wahrnehmung sie beschreiben?

109   Welch ein Jammer! Wie kann der Frosch in seinem Brunnen wissen, wie weit der Ozean ist? Kann auch ein Schakal brüllen, wie ein Löwe brüllt? Deshalb wissen wir, daß Menschen in diesem Zeitalter des Religionsverfalls, die ehrfürchtig staunen, wenn sie diese Lehren hören, ihnen glauben und sie verstehen, sie akzeptieren und halten, schon viele Äonen lang gearbeitet und unzählige Äonen lang Wurzeln der Güte gepflanzt haben müssen. Es sind jene mit dem höchsten Potential, die eine innige Verwandtschaft mit dieser wahren Grundlage der Weisheit ausgebildet haben.

110   Deshalb heißt es in der *Diamanten-Schrift*: »Alle, die in der Lage sind, durch diese Aussagen Glauben in sich zu erwecken, müssen in Gesellschaft der unendlichen Buddhas schon Wurzeln des Guten gepflanzt haben.« Es heißt dort auch: »Diese Erklärungen werden jenen gegeben, die mit dem Großen Fahrzeug hinausfahren. Sie werden jenen gegeben, die mit dem Höchsten Fahrzeug hinausfahren.«

111   Ich bete darum, daß alle, die den Weg suchen, nicht schüchtern und schwach, sondern mutig und kühn sein mögen. Die in früheren Äonen gelegten guten Ursachen kann doch niemand kennen. Glaubt ihr nicht an das Vortreffliche und wollt lieber unglücklich werden, so bildet ihr euch nur ein, es sei alles sehr schwierig, und leistet innerlich Wider-

stand. Wenn ihr diese Lehren jetzt nicht in die Praxis umsetzt, so schneidet ihr sie, selbst wenn ihr aus früheren Leben gute Wurzeln besitzt, im selben Augenblick ab. Und so geratet ihr in immer größere Schwierigkeiten und werdet euch selbst immer mehr entfremdet.

Aber ihr seid ja bereits am Ort des Schatzes angelangt. Auf 112 keinen Fall solltet Ihr jetzt mit leeren Händen umkehren. Habt ihr einmal den menschlichen Körper verloren, erhaltet ihr ihn auch in zehntausend Äonen nicht wieder. Bitte verhaltet euch klug in dieser Hinsicht! Kann ein vernünftiger Mensch, wenn er einmal weiß, wo sich der Schatz befindet, dann doch darauf verzichten, ihn zu suchen, und statt dessen eine Ewigkeit über seine Armut jammern? Wollt ihr euch etwas von diesem Schatz aneignen? Dann laßt diesen Hautsack fahren!

Zen-Meister Ejō
Aufgehen im Lichtschatz

1 Im *Shōbōgenzō* befindet sich schon ein Kapitel über das Licht:
Der Grund, weshalb ich diese Abhandlung noch zusätzlich
schreibe, ist, daß ich die wesentliche Substanz ans Licht bringen möchte, die Tatsache, daß das Ein und Alles des Buddhismus das Aufgehen im Lichtschatz ist.

2 Es handelt sich dabei um die reibungslose Durchführung
unscheinbarer Übungen, durchgeführt vom Übenden selbst,
der dabei jedoch Einfluß auf andere ausübt, geeignet für Menschen, die lange Zeit Zen studiert und sein inneres Heiligtum
betreten haben.

3 Der sogenannte Lichtschatz ist die Wurzelquelle aller Buddhas, das allen lebenden Geschöpfen inhärente Sein, die umfassende Substanz aller Phänomene, der Schatz des großen
Lichtes der geistigen Kräfte der vollständigen Achtsamkeit. Die
Drei Körper, die Vier Erkenntnisse und die Zustände dieses
Aufgehens, zahlreich wie Atome in jedem Aspekt der Wirklichkeit, sie alle kommen daraus zum Vorschein.

4 In der *Blumenschmuck-Schrift* steht: »Das große Licht des
›Erleuchteten, der wie eine Lampe ist‹, ist das höchste unter
den verheißungsvollen Zeichen: daß Buddha diese Halle betreten hat. Daher ist dieser Ort der verheißungsvollste.«

5 Dieses große Licht des »Erleuchteten, der wie eine Lampe
ist«, durchdringt das All, ohne einen Unterschied zwischen
dem Weltlichen und dem Heiligen zu machen: Deshalb heißt
es, »daß Buddha diese Halle betreten hat«. Das Vernehmen
des »So habe ich gehört« ist an sich schon das »In-die-Halle-
Eingetreten-Sein«.

6 Weil »dieser Ort der verheißungsvollste ist«, erhielt Shākyamuni Buddha vom »Erleuchteten, der wie eine Lampe ist«,
Hinweise auf seine künftige Richtung.

7 Weil sich dieses eine Licht durch alle Zeiten hin ausbreitet,

müßte es, wenn es denn ein Erlangen dieses Lichtes gäbe, zweifach sein.

Die *Schrift über die wunderbare Kraftbegabung Vairochanas, als er die Buddhaschaft erlangte* sagt im Buch über den Eintritt in den Bewußtseinszustand der Methode der mystischen Zaubersprüche: »Damals sagte der Gesegnete zu dem, der den Donner hält: ›Der Wille zur Erleuchtung ist die ursächliche Grundlage, das große Mitleid ist die Wurzel, und die Beherrschung der Mittel ist das letzte. 8

O Meister des Geheimnisses, was ist Erleuchtung? Erleuchtung bedeutet, das eigene Bewußtsein zu kennen, wie es wirklich ist. Das ist unübertroffene, vollständige, vollkommene Erleuchtung, in der es nichts mehr gibt, das noch erlangt werden könnte. Und warum? Weil schon ihre Form Erleuchtung ist. Sie hat keine Erkenntnis und kein Wissen mehr. Und warum? Weil Erleuchtung keine Form besitzt. Meister des Geheimnisses, die Formlosigkeit aller Dinge heißt Form des Raumes.‹« 9

In derselben Schrift heißt es auch: »Meister des Geheimnisses, die Praxis des Großen Fahrzeugs erweckt das Bewußtsein, das dich, geleitet von Selbstlosigkeit, zum Unbedingten führt. Warum? Jene, die diese Praxis in der Vergangenheit durchgeführt haben, haben die Grundlage der ›Klumpen‹ (Haftensgruppen) der psychischen und physischen Elemente ins Auge gefaßt und wissen, daß sie wie Illusionen, Fata Morganen, Schatten, Echos, Lichthöfe und Luftschlösser sind. Meister des Geheimnisses, so geben sie das preis, was ohne Selbst ist, und der Hausherr ›Bewußtsein‹ erwacht selbständig zum prinzipiellen Nicht-Erregtsein des wesentlichen Bewußtseins. Warum? Weil nicht erfaßt werden kann, was vor dem Bewußtsein und was nach dem Bewußtsein ist. Deshalb gehst du, indem du die Natur des wesentlichen Bewußtseins erkennst, über die beiden Äonen der Yoga-Praxis hinaus.« 10

Die Tatsache, daß »Davor und Danach nicht erfaßt werden können«, bedeutet, daß das Licht der großen Erkenntnis Vairochanas so beschaffen ist, weil das wesentliche Bewußtsein prinzipiell nicht-erregt ist. 11

Die *Blumenschmuck-Schrift* sagt weiter: »Der Körper des 12

Buddha strahlt großes Licht in unendlichen, vollkommen reinen Farben aus, wie Wolken, die alles Land bedecken, und verherrlicht überall die Tugenden der Buddhaschaft. Alle vom Licht Erleuchteten frohlocken. Wesen, die Schmerz leiden, werden davon befreit. Jeder ist von Achtung für andere erfüllt und entwickelt ein mitleidiges Herz. Das ist die durch sich selbst geschehende Wirkung der Erleuchtung.«

13   In derselben Schrift steht im »Buch über das Erwachen durch das Licht«: »Damals streifte das Licht hunderttausend Welten und erleuchtete eine Million Welten im Osten. Dasselbe geschah im Süden, Westen, Norden, den vier dazwischen liegenden Himmelsrichtungen und im Zenit und Nadir. Alles in all diesen Welten wurde klar offenbart. Damals tat auch das erleuchtende Wesen Mañjushrī an allen Orten gleichzeitig vor dem Buddha an allen Orten den Mund auf und sprach folgenden Vers:

›Der Erleuchtete ist zuhöchst unabhängig,
Er überschreitet die Grenzen der Welt, stützt sich auf
   nichts,
Ist mit allen guten Eigenschaften ausgestattet,
Von allem, was existiert, befreit,
Unbeschmutzt, ungebunden,
Frei vom Spiel der Phantasie, ohne Fixierungen.
Seine Substanz und sein Wesen sind unermeßlich,
Jeder, der ihn sieht, singt sein Lob.
Sein Licht ist überall, klar und rein,
Die Bürde der Sinne ist weggespült,
Ohne sich zu bewegen, löst er sich von den beiden
   Extremen.
Das ist die Erkenntnis des Erleuchteten.‹«

So ist also die Erkenntnis des Erleuchteten Licht, eine Lichtkonzentration unveränderlichen Wissens, jenseits der beiden Extreme des Gewöhnlichen und Heiligen bzw. Absoluten und Relativen. Es ist das Licht der nichtbegrifflichen Erkenntnis Mañjushrīs, der die große Erkenntnis verkörpert. Dies manifestiert sich in der Mühelosigkeit des einfachen Sitzens.

Aus diesem Grund sagte Vairochana zum Meister des Ge- 14
heimnisses: »Die Praxis des Großen Fahrzeugs erweckt das
Bewußtsein, das den Menschen, geleitet von Selbstlosigkeit,
zum Unbedingten führt.« Der Dritte Patriarch des Zen sagte:
»Suche die Wirklichkeit nicht, mache nur den Meinungen ein
Ende.« Offensichtlich gibt es im Lichtschatz des Fahrzeugs des
Unbedingten kein Ich, keine auf Meinungen beruhende Interpretation. Ich und Meinungen sind nur andere Namen für Gei-
sterköpfe und Gespenstergesichter. Hier geht es nur um das
Licht an sich, und es werden keine Meinungen oder Ansichten
entwickelt, von Vorstellungen über ein Selbst und ein Ich bis
zu den Vorstellungen über Buddha und den Dharma. Laßt uns
aufmerksam auf die transzendente Weisheit hören, die mit
einem Feuermeer verglichen werden kann.

In der *Wahrheitslotos-Schrift* heißt es: »Damals strahlte der 15
Buddha ein Licht vom weißen Haar zwischen seinen Augenbrauen aus und erhellte achtzigtausend Welten im Osten, sie
alle durchdringend, sowohl bis zu den tiefsten Höllenreichen
drunten als auch zu den höchsten Himmeln droben.« So ist
also dieses verheißungsvolle Lichtzeichen das vortrefflichste
und seltenste der von den Buddhas vollendeten spirituellen
Lichter.

Das große Wesen Mañjushrī sagte in Beantwortung einer 16
Frage Maitreyas: »Dieses höchst verheißungsvolle Lichtzeichen erschien in alten Zeiten, als der Buddha, dessen Name ist
›Erleuchtet wie eine aus Sonne und Mond gemachte Lampe‹,
das Große Fahrzeug erklärte und in die Sphäre des unendlichen Sinnes eintauchte. Jetzt muß Shākyamuni Buddha hingehen, um die Lehre der Lotosblüte der erhabensten Wahrheit
zu erklären, die für erleuchtende Wesen ist und von den Buddhas im Bewußtsein bewahrt wird.«

So sollten wir wissen, daß dieses Licht das allumfassende 17
Strahlen des unvergleichlichen, alles übertreffenden großen
Lichtes ist, vollständig angefüllt mit unendlichem Sinn. Das
große Wesen Mañjushrī wurde damals das »Erleuchtende Wesen namens Erhabenes Licht« genannt und war der achte Sohn
des Buddha, dessen Name ist »Erleuchtet wie eine aus Sonne

und Mond gemachte Lampe«. Dieser Buddha versetzte Mañjushrī in die Lage, in der nicht mehr zu übertreffenden Erleuchtung zu verharren. Der letzte, der die Buddhaschaft erlangte, wurde »Brennende Lampe Buddha« genannt.

18   Daher wissen wir, daß die Sitzmeditation unserer Schule das Aufgehen im Lichtschatz ist, uns unmittelbar von »Brennender Lampe« und Shākyamuni überkommen. Welche andere Lehre könnte daneben bestehen? Es ist das Licht, das in gewöhnlichen Menschen wie in Weisen Nicht-Zweiheit ist, das eine Fahrzeug in Vergangenheit und Gegenwart. Es läßt nichts Inneres nach außen und läßt nichts Äußeres nach innen dringen: Wer wollte da aus Unachtsamkeit wieder in die öde Langeweile der sozialen und persönlichen Beziehungen mit ihren vielen Unterscheidungen zurückfallen? Es kann nicht ergriffen, kann nicht losgelassen werden: Warum noch aufgrund eines von Emotionen bestimmten Bewußtseins leiden, durch Ergreifen und Ablehnen, Hassen und Lieben?

19   Des weiteren wird im »Buch des sorgenfreien Verhaltens« (in der *Lotos-Schrift*) zu Mañjushrī gesagt: »Große erleuchtende Wesen verweilen in einem Zustand der Enthaltsamkeit. Sie sind sanft, fügsam und niemals roh, ihr Bewußtsein bleibt ungestört. Und sie grübeln nicht über Dinge nach, sondern sehen den wahren Charakter der Dinge und handeln nicht blind.« Das ist »einfaches Sitzen«: Ohne blind zu handeln, geht man weiter im Einklang mit dem großen Licht.

Ein Vers aus demselben Buch lautet:

»Täuschung stellt sich die Dinge als existierend oder
   nicht-existierend vor,
Als real oder nicht-real, als geboren oder nicht-geboren.
Konzentriere dich an einem schön aufgeräumten Ort,
Verharre ruhig und bewegungslos wie ein Polarberg.
Beobachte nun, daß alle Phänomene keine Existenz haben,
Daß sie wie leerer Raum sind, ohne Festigkeit,
Und weder geboren werden noch entstehen.
Bewegungslos, ohne zu ermatten, wohne in der Einheit:
Das wird der Ort der Nähe genannt.«

Das ist ein unmittelbarer Hinweis: »Es wird nur der unübertreffliche Weg erläutert, sofort aufs Ziel losgegangen und alles Zweckdenken beiseitegelassen.«

In China antwortete der große Meister Bodhidharma auf die 20 Frage eines Kaisers, was die letzte Bedeutung der heiligen Wahrheiten sei: »Leer, nichts Heiliges.« Das ist das große Feuermeer des Zen-Lichts der Lehrer-Gründer: An allen Seiten ist es kristallklar, und nichts befindet sich darinnen. Außerhalb dieses Lichtes gibt es keine für sich bestehende Praxis, kein davon verschiedenes Prinzip, viel weniger irgendeine Kenntnis oder irgendwelche Gegenstände. Wie könnte es da noch Praxis und Übungen geben oder absichtliche Bemühung, bestimmte Heilwirkungen zu erzielen?

Der Kaiser sagte zu Bodhidharma: »Wer gibt mir diese Ant- 21 wort?« Bodhidharma sagte: »Ich weiß es nicht.« Das ist einfach das eine Licht, das leer ist.

Später schrieb Zen-Meister Xuedou ein Lobgedicht auf diese 22 Anekdote:

> »Leer, nichts Heiliges« –
> Was ist hier der springende Punkt?
> »Wer gibt mir diese Antwort?« –
> »Ich weiß es nicht«, sagt er.

Könnt ihr durch Aufgehen in diesem Koan Freiheit und Weite 23 erlangen, so leuchtet euer ganzer Körper, leuchtet die ganze Welt.

Der große Meister Yunmen, neununddreißigste Generation 24 nach Buddha, sagte einmal in einem Vortrag zu seiner Zuhörerschaft: »Alle Menschen besitzen ein Licht. Doch wenn sie hineinschauen, sehen sie es nicht, also ist es dunkel. Was ist dieses Jedermanns-Licht?« Keiner antwortete, weshalb der Meister selbst um ihretwillen sagte: »Die gemeinsame Meditationshalle, der Buddhaschrein, die Speisekammer, das Tor zum Berg.«

Wenn also der große Meister sagt, daß jedermann ein Licht 25 besitzt, sagt er damit nicht, daß es später einmal erscheinen wird oder daß es in der Vergangenheit existierte, oder daß es sich von der Seite her erkennen läßt: Er stellt nur fest, daß jedermann ein Licht besitzt. Das genau ist es, was im wahrsten Sinn des Wortes unter dem Licht der großen Weisheit zu verstehen ist: Es sollte gehört und aufgenommen, genossen und angewendet werden, in der Haut, im Fleisch, in den Knochen und im Mark.

26   Das Licht ist jedermann: Shākyamuni und Maitreya sind seine Diener. Was in Buddhas nicht mehr ist und nicht weniger in gewöhnlichen Menschen, ist dieses geistige Licht. Also ist es in allem. Es ist die ganze Erde als ein einziges Feuermeer.

27   Der Meister fragte: »Was ist jedermanns Licht?« Damals kam keine Antwort aus der Zuhörerschaft. Und selbst wenn es hunderttausend richtige Antworten gegeben hätte, so hätte es doch »keine Antwort« gegeben.

28   Und Yunmen gab um ihretwillen selbst die Antwort: »Die gemeinsame Meditationshalle, der Buddhaschrein, die Speisekammer, das Tor zum Berg.« Diese um ihretwillen selbst gegebene Antwort ist die um jedermanns willen selbst gegebene Antwort, ist die um des Lichtes willen selbst gegebene Antwort, die um der Dunkelheit willen selbst gegebene Antwort, die um des Ausbleibens der Antwort willen selbst gegebene Antwort: Es ist das Aufgehen im Lichtschatz, wodurch strahlendes Licht erweckt und verbreitet wird.

29   Da dies so ist, fragt das Licht nicht danach, ob ihr gewöhnliche Menschen oder Buddhas seid, es unterscheidet nicht zwischen fühlenden und leblosen Wesen: Das Licht, das überall und immer scheint, hat keinen Anfang, keinen Ort. Das ist der Grund, weshalb es »dunkel« ist, weshalb es »was?« ist, weshalb es »nachts wandert«, weshalb es »unmöglich ist, es selbst in Millionen mal Millionen mal Millionen Äonen zu begreifen«.

30   Es fragte auch ein Mönch Yunmen: »Das Licht scheint schweigend durch unzählige Welten –« Aber bevor er noch mit seiner Frage zu Ende kommen konnte, fragte Yunmen schnell zurück: »Sind das nicht die Worte eines berühmten

Dichters?« Der Mönch sagte: »Ja.« Yunmen sagte: »Du bist in Worten gefangen!«

Heil dem alten Buddha Yunmen! Seine Augen waren 31 schnell wie Kometen, sein Bewußtsein geschwind wie der Blitz. Dem Mönch verschlug es die Sprache. Wer hätte sich da nicht geschämt?

Zen-Meister Xuefeng gab einer Schülergruppe Unterricht 32 und sagte: »Die Buddhas aller Zeiten drehen das große Rad der Lehre in Feuerflammen.« Yunmen sagte: »Die Feuerflammen erklären die Lehre der Buddhas aller Zeiten. Die Buddhas aller Zeiten stehen nur da und hören zu.«

So ist das Licht der Feuerflammen der Ort der Erleuchtung 33 der Buddhas aller Zeiten. Es ist der Lehrer der Buddhas. Aus diesem Grund erklären alle Erleuchteten die Lehre stets inmitten einer Umgebung von Myriaden Formen, obwohl sie selbst an ihrem eigenen Ort der Erleuchtung verbleiben, der das Licht vollständiger, vollkommener Ruhe ist.

Es geht darum, »die Ohren zu ehren, ohne deshalb die Au- 34 gen abzuwerten«. Dieses Meer von Feuerflammen ist nicht vorn, ist nicht hinten: Es ist einfach Manifestation in Totalität.

Wenn ihr trotz dieser Wahrheit weiterhin absinkt, euch 35 selbst begrenzt und die individuelle subjektive Vorstellung erzeugt, ihr seiet im Grunde doch nur unwissende, gewöhnliche Wesen, Durchschnittsmenschen ohne Weisheit, so ist das wirklich ein der Hölle entsprechendes Verhalten und eine Schmähung des Rades der wahren Lehre des Erleuchteten.

Die Darstellung der Lehre durch die Feuerflammen, auf die 36 Xuefeng hinwies und der Yunmen Ausdruck gab, ist eine direkte Methode ohne irgendwelche Notbehelfe. Es wird nur der unübertroffene Weg erklärt und die Totalität der Lehren des gesamten Buddhalebens zum Vorschein gebracht.

Als Xuefeng auf diese Weise sprach, bedeutete das schon, 37 daß er in den Feuerflammen verzehrt wurde. Und ihr wollt dem noch entrinnen? Schriften zu rezitieren, Niederwerfungen zu praktizieren, bei jedem Schritt den Fuß bewußt zu heben und wieder zu senken – alles ist ja die Manifestation der großen Wirkung des Lichtes.

38   Es gibt Menschen, die bewußt darüber nachdenken, von wessen Gnade dies alles abhängt, und die sich vergeblich bemühen, ihre Gedanken zur Ruhe zu bringen, ohne dieses verborgene Wesen zu kennen. Es gibt aber auch Leute, die zweifeln und eine solche Möglichkeit ganz verwerfen. Sie leben wie in einer Geisterhöhle. Auch gibt es Leute, die sich ans Meer begeben, um die Sandkörnchen zu zählen, und Leute, die wie durch ein Papierfenster hindurchbrechende Moskitos sind. Für den Augenblick ganz davon zu schweigen, daß man sich in Worten fangen kann: Was also ist richtig?

39   Obwohl jetzt keine Zeit mehr ist, einen Erdklumpen im Schlamm zu waschen, sollten Zen-Schüler doch in erster Linie wissen, was sie eigentlich sagen, wenn sie eine Frage stellen. Da wir nun schon einmal über das schweigende Licht sprechen, das das Universum durchdringt, warum sollten wir das in den Worten eines berühmten Dichters tun, oder warum sollten es die Worte des Buddha sein? Warum sollten es eure Worte sein? Oder wessen Worte sollten es überhaupt sein? »Die gemeinsame Meditationshalle, der Buddhaschrein, die Speisekammer, das Tor zum Berg.« Hört genau zu, sperrt eure Ohren auf!

40   Der große Meister Changsha sagte zu einer Versammlung: »Das ganze All ist das Auge eines Übenden. Das ganze All ist das Gespräch eines Übenden mit seiner Familie. Das ganze All ist der gesamte Körper eines Übenden. Das ganze All ist des Menschen eigenes Licht. Im ganzen All gibt es niemanden, der nicht er selbst ist.«

41   So erfordert ein tiefes Studium des Weges des Erleuchteten Sorgfalt beim Lernen und Treue beim Erlangen. Wenn ihr Leben um Leben kein Bündnis mit der Familie der Buddhas schließt, wie könnt ihr dann erfassen, was ihr in einem Lehrvortrag wie diesem hört? Sorgt dafür, daß ihr euch nicht noch mehr davon entfremdet und weiter davon entfernt.

42   Das All, von dem Changsha sprach, ist also ein Auge des ins Zen-Studium versenkten Übenden. Die Gesamtheit des Raumes ist sein gesamter Körper und sein Bewußtsein. Er greift nicht nach dem Heiligen, er lehnt das Gewöhnliche nicht ab.

Er sagt nicht, verwirrte Menschen seien nicht so, während erleuchtete Menschen so seien. Was er tut, ist, unmittelbar auf das eigene Licht zu deuten: Laßt das nicht den großen Meister Changsha stellvertretend für euch tun!

Diese Predigt ist ein alles einschließendes Gespräch in eurer Nase, eine frei durchgeführte Praxis-Unterweisung in euren Augen. Es gibt Menschen, deren Spezialität es ist, immer wieder alte Muster-Koans aufzutischen, die aber ihr ganzes Leben lang niemals Einsicht oder Erkenntnis erlangen. Sie alle sind Kinder aus reicher Familie, haben aber keine Hose zum Anziehen. 43

Auch denken unwissende Menschen, wenn sie vom Licht hören, es sei wie das Licht der Glühwürmchen, wie das Licht der Lampen, wie das Licht von Sonne und Mond oder das Funkeln von Gold und Juwelen. Und so suchen sie dauernd nach Vergleichen. Sie versuchen auch leuchtende Strahlen zu sehen, sie konzentrieren sich aufs Bewußtsein und machen sich in Gedanken Vorstellungen. Sie wollen das Bewußtsein zu einem Bereich äußerster Leere und völligen Schweigens machen. 44

Aus diesem Grund halten sie die Bewegung an und nehmen Zuflucht zur Stille, oder sie sind unfähig, Vorstellungen über ein konkretes Wesen loszulassen oder falsche Vorstellungen über die Existenz von etwas, was sie behalten wollen. Oder sie machen sich unaufhörlich Gedanken über unvorstellbare mystische Wunder, denken viel zu gründlich und ausschließlich immer nur an dieses seltene Ereignis. Diese Menschen, Reisebeutel, mit offenen Augen schlafend, sind die viel zu vielen. 45

Gäbe es wirklich ein so unvorstellbares Mysterium von solcher Bedeutung: Glaubt ihr etwa, Ihr könntet seiner durch Nachdenken habhaft werden? Das ist die Art wahnhafter Selbstbetrug, bei der man das beruhigte Nachdenken des bewußten Verstandes mit dem Sitzen des Buddha verwechselt. Das ist der Grund, weshalb der Begründer des Zen erklärte, es gebe in der »Offenheit« nichts Heiliges und das Offene könne auch nicht bewußt erkannt werden. Eine solche Erklärung zu hören, ist etwas sehr Seltenes. 46

47   Zen-Meister Changsha sagte: »Der Grund, weshalb Schüler
auf dem Weg das Wirkliche nicht unterscheiden können, ist
einfach der, daß sie immer noch den bewußten Verstand anerkennen. Er ist die Wurzel der unendlichen Äonen von Geburt
und Tod, doch im Wahn befangene Menschen nennen ihn den
ursprünglichen Menschen.«

48   Deshalb bedeutet, an einer auf Vorstellungen über das eigene Bewußtsein und Annahmen über das, was erreicht werden soll, beruhenden Verwirklichung zu arbeiten, an der Wurzel von Geburt und Tod zu arbeiten.

Aber der Bezug auf das Wirkliche und der ursprüngliche
Mensch bedeuten die Offenheit des Lichtes, das allem inhärent und vollkommen vollständig ist. Was sollte man außerhalb der Offenheit des Lichtes so begierig suchen wollen? Das
ist der Grund, weshalb dort keine Heiligkeit ist und die Offenheit nicht bewußt erkannt werden kann. Sie ist nur ein eiserner
Hammerkopf ohne Loch für den Griff, ein großes Feuermeer.

49   Zhaozhou fragte Nanquan: »Was ist der Weg?«

Nanquan sagte: »Das gewöhnliche Bewußtsein ist der
Weg.«

Zhaozhou sagte: »Wie nähert man sich ihm?«

Nanquan sagte: »Versuchst du, darauf zuzugehen, wendest
du dich schon davon ab.«

Zhaozhou sagte: »Wenn man überhaupt keinen Versuch
macht, wie weiß man dann, daß es der Weg ist?«

Nanquan sagte: »Der Weg liegt nicht im Bereich des Wissens, aber auch nicht im Bereich des Unwissens. Wissen ist
falsches Bewußtsein, Unwissen ist Gleichgültigkeit. Wenn du
wirklich ohne jeden Zweifel auf den mühelosen Weg gelangst,
bist du so leer und offen wie der Raum: Wie könntest du dann
noch auf Bejahung oder Leugnung beharren?«

50   Das ist der Grund, weshalb die Alten solche Menschen be-
mitleideten, deren Methode falsch ist, weil sie spekulativ ist
und nur auf antrainierter Kraft beruht, und ihnen sehr sorgfältig
den Weg wiesen, indem sie sagten: »Der Weg wird nicht
durch bewußtes Denken erreicht, noch wird er durch Unbewußtheit erreicht. Er kann weder durch Worte mitgeteilt noch

durch Schweigen erlangt werden. Sobald ihr euch in Überlegungen verliert, seid ihr schon zehn Millionen Stufen davon entfernt.«

O ihr Menschen, kann es irgendeine Vorstellung von einer 51 Arbeit am Bewußtsein oder von außerweltlichen Phänomenen und Prinzipien geben, die außerhalb dieses bewußten Denkens oder der Unbewußtheit liegt? Da es heißt, der Weg könne weder durch bewußtes Denken noch durch Unbewußtheit erreicht werden, warum sollte man die falschen Vorstellungen, Bewußtsein zu suchen oder Bewußtsein aufzugeben, nicht unmittelbar loslassen?

Gewöhnliche Menschen, die nicht glauben und träge sind, 52 die sich nicht einmal zum Niveau dieses Entwurfs erheben können, klammern sich an illusorische Definitionen vom Selbst und eilen wichtigtuerisch in dieser flüchtigen Traumwelt umher, ohne zu bemerken, daß sie von Dämonen weltlichen Wissens und intellektueller Schärfe besessen sind. Ihr Verstand arbeitet unaufhörlich, und sie stellen sich vor, das Licht, von dem sie gehört haben, müsse wie ein feuriger, aus der Stelle zwischen den Augenbrauen des Buddha hervorschießender Komet sein. Sie nehmen die Bedeutungen wörtlich und denken auch nicht im Traum daran, die wirkliche Wahrheit der Weisen herauszufinden. Mag die Welt sie auch für erprobte Übende und Adepten halten: Sie haben keinen Anteil an höheren Erkenntnissen und sind deshalb nicht imstande zu bemerken, wie das Licht, das Licht des Reichs der Realität, den ganzen Körper durchdringt und den Himmel bedeckt und die Erde bedeckt. Sie sind an Formen hängende Scharlatane, die nicht einmal Mitleid verdienen.

Shākyamuni Buddha sagte: »Das Licht der Lichter ist nicht 53 blau, gelb, rot, weiß oder schwarz. Es ist nicht Materie und nicht Denken. Es ist nicht existierend und nicht nicht-existierend. Es ist kein aus Ursachen hervorgehendes Phänomen. Es ist die Quelle aller Buddhas, die Grundlage der Praxis des Weges der erleuchtenden Wesen, fundamental für alle Buddhisten.«

So war der Verwirklichte wieder aus dem Aufgehen im Blü- 54

tenlicht aufgetaucht, leer an Substanz und Wesen, saß auf dem königlichen Diamantenthron der tausend Lichter und erklärte das Licht des Weges zur Einheit.

55 Es liegt ja auf der Hand, daß dieses Licht nicht blau, gelb, rot, weiß oder schwarz ist. Es ist einfach »der Gott des Feuers, durch und durch purpurrot«. Es ist »ein Ochse aus Lehm, der auf dem Grund des Meeres dahinstürmt«, ein »eiserner Ochse ohne Haut und Knochen«. Da es »weder Materie noch Denken« ist, warum sich dem Stachel der Sehnsucht in der Brust ausliefern und immer wieder nach dem inneren Bewußtsein lechzen? Außerdem ist es kein von einer Ursache bewirktes Phänomen. Wie könnte es also dadurch, daß man der Verwirklichung nachstrebt, erzeugt werden?

56 Wahrhaftig, dies ist die Quelle der Buddhas, fundamental für alle Buddhisten. Und nicht nur das: Es ist das Licht des Weges zur Einheit, vom Vairochana Buddha seit seiner ersten Inspiration aufgenommen und festgehalten. Daher ist es ein Element des Bewußtseinsgrundes, frei von allen Bezeichnungen und Erscheinungen. Es wird das Licht des Weges des Bewußtseinsgrundes genannt.

57 Shākyamuni Buddha sagte: »Wenn Menschen, die die Lehre erklären, allein an öden Orten stehen, wo nur das äußerste Schweigen und kein Klang menschlicher Stimmen ist, und diese Schrift lesen und rezitieren, will ich für sie den Körper des reinen klaren Lichtes zur Erscheinung bringen. Und wenn sie ein Kapitel oder einen Vers vergessen, werde ich es ihnen erklären, so daß sie es ohne weiteres verstehen.«

58 Wenn ihr also diese Schrift lest und rezitiert, so ist dies das Selbst, das deshalb zur gleichen Zeit reines, klares Licht zur Erscheinung bringt. Körper und Geist der Buddhas sind Licht. Das Land aller Brennenden Lampen ist ewig schweigendes Licht. Reine Länder, Körper und Geist, alles ist Licht. Das ist der Grund, weshalb wir sagen, es gebe vierundachtzigtausend Lichter, eine unbegrenzte Anzahl von Lichtern.

59 Zen-Meister Puning Yong zitierte die oben erwähnte Geschichte über die Feuerflammen, die die Lehre erklären, und trug seiner Versammlung folgenden Vers vor:

»Ein wildes Feuermeer taucht den ganzen Himmel in Rot,
Die Buddhas aller Zeiten befinden sich genau im Mittel-
   punkt.
Sie haben die Lehre erklärt und sind jetzt zu Ende damit.
Über ihren Augenbrauen steigt ein reiner Hauch auf.«

So sieht es aus, wenn man beim Suchen nach dem inneren   60
Heiligtum des Buddhismus spontan zur Schau der Feuerflammen, die die Lehre erklären, durchdringt. So loht ein wildes
Flammenmeer durch die Zeit: Es kommt von nirgendwo, hat
keine Form, ist in sich nicht differenziert und erlischt auch niemals. Da es vollständig undifferenziert ist, ist es die Bühne des
ursprünglichen Grundes aller Phänomene, aller Wesen und
aller Buddhas.

Warum behalten das heutige Schüler nicht gut im Gedächt-   61
nis und glauben nicht fest daran? Weil sie nicht fest daran
glauben, werden sie zu gewöhnlichen, unwissenden Toren
und entrinnen dem Teufelskreis niemals. Sie sollten sich selbst
fragen, wo der Fehler liegt, und die Dinge durchschauen.

Die Menschen, die fest mit den irdischen Konventionen ver-   62
bunden sind, glauben, illusorische und flüchtige Phänomene
seien wirklich dauerhaft. Deshalb sind sie vollauf mit Gewinn
und Verlust weltlicher Reichtümer beschäftigt. Sie setzen ihr
festestes Vertrauen in ein Leben, das wie ein kurzer Lampen-
schein im Wind ist, nicht einmal mit Sicherheit bis morgen
fortbesteht und bei dem kein Ausatmen sicherstellt, daß ein
Einatmen folgt. So jauchzen und klagen sie, je nach wechseln-
den Umständen.

Selbst eure physischen Elemente werden sich im Begräbnis-   63
feuer auflösen wie schwindender Tau. Und obwohl es nichts
gibt, an das ihr euch als an euer Eigentum klammern könntet,
nicht einmal soviel wie ein Atom, verbringt ihr leichtfertig
euer Leben, als wärt ihr Herr eurer selbst.

Und diese Einsicht hängt nicht von den Lehren der Schriften   64
ab. Sie ist eine offensichtliche, direkt vor unseren Augen lie-
gende Wahrheit. Da es sich um ein loderndes Feuermeer handelt, befinden sich auch die Buddhas aller Zeiten darin, und so

sind auch alle Wesen in allen Lebensformen darin. Wie könnten sich in dieser Beziehung Lebewesen und Buddhas voneinander unterscheiden? Jene, die sich irrtümlich an das Ich klammern, glauben nicht an das Licht. Deshalb tanzen sie, obwohl sie *darin* sind, aus eigenem Willen in Geburt und Tod auf und ab. Jene dagegen, die durchschauen und ins Licht schauen, verwirklichen, ebenfalls *darin*, unparteiisches, ungehindertes universelles Wissen.

65   Deshalb sagte Yongjia: »Ewige Stille ist nicht anderswo als dort, wo du dich gerade befindest. Wenn du danach suchst, so weiß ich, daß du noch nicht siehst. Sie läßt sich nicht ergreifen, läßt sich nicht ablehnen. Im Ungreifbaren wird sie von selbst erlangt.« Und der alte Nāgārjuna sagte in einem Lobpreis auf die Weisheit: »Transzendente Weisheit ist wie ein Feuermeer. Sie ist ungreifbar an allen vier Seiten.«

66   Aber obgleich ihr alle solche großen Lehren hört und lest, studiert ihr sie, als wären sie nur für andere da. Ihr befreit und löst nicht euer ganzes Wesen, ihr dringt nicht in die Totalität ein. Statt dessen sagt ihr, es fehle euch an den Fähigkeiten dazu, oder ihr seid eben nur Anfänger, oder ihr seid zu spät gekommen, oder ihr seid nichts als gewöhnliche Sterbliche, die noch keine einzige Täuschung abgeschnitten haben. Ihr legt einfach eure früheren Ansichten und Selbstbilder nicht ab. Tag und Nacht lebt ihr im großen Lichtschatz und macht euch doch selbst zu feilen Mietlingen, zu elenden Vagabunden, zu ewigen Armenhäuslern.

67   Doch ist es nur eure eigene Einbildung, minderwertig zu sein, die euch vergessen läßt, daß euer edler Ursprung euch ruft. Wie traurig ist es doch, wenn einer einen Latrineneimer ergreift und Senkgrubenreiniger wird, nur weil er den Körper des reinen Lichtes für einen verschmutzten, elenden Körper hält! Das ist die traurigste aller Traurigkeiten, unüberbietbar traurig.

68   Legt unbedingt die Subjektivität eures Selbstbildes ab! Selbst wenn ihr über die größeren und kleineren Lehren sprecht, die vorläufigen und die wahren Lehren, die Phänomene und Prinzipien der exoterischen und esoterischen

Lehren und die erhabenen Botschaften der Fünf Häuser und Sieben Schulen des Zen – solange ihr euer Selbstbild behaltet, landet ihr nur immer wieder bei Geburt und Tod.

Das ist der Grund, weshalb es heißt, daß, wenn man die **69** Wirklichkeit mittels des aus Geburt und Tod erzeugten Verstandes interpretiert, diese Wirklichkeit auch tatsächlich zu Geburt und Tod wird.

Die Vorstellung vom Selbst, die Vorstellung von einer Per- **70** sönlichkeit, die Vorstellung von einem Wesen, die Vorstellung von einem Leben sind Selbstbilder. Die Vorstellung vom physischen Körper, Vorurteile, falsche Ansichten und Überzeugungen sind Selbstbilder. Sogar die unzähligen feinen Schleier der Unwissenheit zwischen der gewöhnlichen Erleuchtung und der erhabenen Erleuchtung sind Selbstbilder. In erster Linie wird es Vorstellung vom Selbst genannt oder die Trägheitsenergie der Verstandesgewohnheiten. Auch Bindung ans Prinzip, Spuren der Erleuchtung und die Vorstellung von Gleichmut – das alles sind nur unterschiedliche Namen je nach Grad und Intensität des Selbstbildes.

Wenn ihr darüber nachdenkt, warum das so ist, von den **71** allerersten, großen, schlechten, verkehrten und total voreingenommenen Auffassungen bis zum letzten kleinen bißchen der subtilsten Unwissenheit: Wenn es kein Selbstbild mehr gibt, was kann dann Vorstellung von Buddha oder Vorstellung von Dharma genannt werden? Wer ist sich dann des Schleiers bewußt?

Aus diesem Grund sagte Zen-Meister Dōgen: »Zuerst solltet **72** ihr dem Ich ein Ende bereiten. Und wenn ihr dem Ich ein Ende bereiten wollt, solltet ihr Betrachtungen über die Nicht-Dauer anstellen.« Das ist eine direkte Anweisung, aus einer großen Seele und einem vollkommen aufrichtigen Herzen stammend.

Die von dem Großen Lehrer von Shaolin gegebene »Lehre **73** zur Befriedigung des Bewußtseins« lautet: »Warum scheitern die Menschen der Welt beim Streben nach Erleuchtung trotz all ihrer Bemühungen? Sie scheitern beim Streben nach Erleuchtung, weil sie selbst-bewußt sind. Reife Menschen aber klagen nicht in unangenehmen Umständen und freuen sich

nicht in angenehmen Umständen, weil sie nicht selbst-bewußt
sind.«

74   Ein Vers eines alten Erleuchteten lautet:

>   »Buddhas sehen sich selbst nicht. Weisheit ist Buddha.
        Wenn du wirklich Weisheit besitzt, gibt es keinen
           anderen Buddha.
        Der Weise kennt die Leere, in der es keine
           Sündenhindernisse mehr gibt.
        Gleichmütig geworden, kennt er keine Furcht vor Leben
           und Tod.«

Leben und Tod fürchtet er nicht, weil er sich selbst nicht sieht.
Sich selbst nicht sehen heißt, nicht selbst-bewußt sein, kein
Selbst-Bild haben. Also ist das Licht der großen Weisheit un-
persönlich, weshalb der Vers sagt, daß Weisheit Buddha ist.

75   Aber trotzdem denkt ihr noch, es handle sich um die Liebe
zum vergänglichen Körper, der doch wie Tau im Gras ist, wie
eine dahintreibende Blase. Wenn die Rede aber auf das große
Licht kommt, das euer wirklicher Körper ist, denkt ihr, es
handle sich um ein belangloses Gespräch, und nehmt an, es
müsse noch etwas weit Größeres geben. So verschwendet ihr
eure Zeit mit Geschwätz über politische Verhältnisse und den
Stellenwert frommer Almosen. Ihr übt nicht konsequent, was
doch aus Betrachtungen über dieses nutzlos vergehende Leben und sein Ende folgen würde.

76   Hättet ihr nur eine Spur von Glauben oder wahrer Praxis innerhalb dieses Lichtschatzes, wie könntet ihr dann glauben, es
handle sich nur um eure eigene Befreiung? Die Vier Schulden
droben zurückzahlend, allen Wesen in den Drei Reichen
drunten Hilfe bietend – Berge, Flüsse und Erde, euer Körper
und der Körper anderer Wesen, sie alle sind das Licht des
So-Seins, leuchten überall, und ihr Leuchten nimmt kein Ende.

77   Der große Meister sagte in einem Vers:

»Das Wesen der Achtsamkeit, rund und hell, Körper ohne
  Form:
Stelle beim Wissen und Meinen nicht gewaltsam Ferne
  und Nähe her.
Wenn Gedanken voneinander abweichen, verdunkeln sie
  das mystische Sein,
Wenn das Bewußtsein in die Irre geht, ist es dem Pfad
  nicht nahe.
Wenn die Empfindungen Myriaden von Dingen
unterscheiden, versinkst du in den Gegenständen
  vor dir.
Wenn das Bewußtsein viele Dinge widerspiegelt,
  verlierst du die ursprüngliche Wirklichkeit.
Wenn du vollständig verstehst, was in diesen Zeilen
  liegt,
Bist du wahrhaft sorgenfrei, als wärest du ein Wesen
  von ehedem.«

Das ist ein direkter Hinweis, eine direkte Erklärung innerhalb   78
des Lichtschatzes, die außerdem noch Anweisungen für die
sorgfältige Arbeit an der fundamentalen Verwirklichung gibt.
Es spielt keine Rolle, ob ihr Mönche oder Laien, ob ihr Anfänger oder Fortgeschrittene seid. Es macht keinen Unterschied,
ob ihr klug oder dumm seid oder welchen Grad von Bildung
und Wissen ihr besitzt. Der Vers weist unmittelbar auf den
formlosen Körper des Wesens der Achtsamkeit hin, rund und
hell, der einzigartig und unübertroffen ist.

Das Wesen der Achtsamkeit ist die Buddhanatur. Runde   79
Helligkeit ist ein großes Licht. Es ist das formlose, schweigende Licht eures gegenwärtigen illusorischen Körpers. Deshalb sagte ein würdiger Mann aus dem Altertum: »Der ganze
Körper hat keine Form. Die ganze Welt verbirgt ihn nicht.«

Solltet ihr immer noch nicht verstehen, so möchte ich euch   80
einmal um folgendes bitten: Zerschlagt euren ganzen Körper,
verbrennt Haut, Fleisch, Knochen und Mark und bringt mir
dann etwas, was noch übrigbleibt! Genau in diesem Augenblick sind nämlich die Lebewesen und Buddhas der Vergan-

genheit und Gegenwart, die gewöhnlichen Sterblichen und Weisen der Drei Reiche, Myriaden Formen und Erscheinungen, sie alle ohne Ausnahme sind der formlose Körper.

81   Meister Linji sagte: »Die physischen Elemente sind nicht in der Lage, die Lehre zu erklären oder auf die Wahrheit zu hören. Milz, Magen, Leber und Galle sind nicht in der Lage, die Wahrheit zu erklären oder auf die Wahrheit zu hören. Der Raum ist nicht in der Lage, die Wahrheit zu erklären oder auf die Wahrheit zu hören. Was also ist in der Lage, die Wahrheit zu erklären und auf die Wahrheit zu hören?« Dieses unabhängige, geistige Licht, das auf die Wahrheit hört, ist der formlose Körper. Die Alten gaben ihm um der Menschen willen zeitweise einen Namen und nannten ihn den »Unabhängigen Wanderer, der auf die Wahrheit hört.«

82   Wenn von dem »runden und hellen formlosen Körper des Wesens der Achtsamkeit« die Rede war, ist eigentlich schon alles erklärt. Aber aus purer Freundlichkeit fährt der Meister noch fort, erklärt die erhabene Arbeit und spricht davon, man solle beim Wissen und Meinen nicht gewaltsam Ferne und Nähe herstellen. Wer sich in der Nähe falscher Lehrer aufhält, lernt nur Meinungen und Interpretationen kennen und behauptet dann, er hätte Zen über die Buddhas und Patriarchen hinaus durch besondere Begabung und Studium erlernt, behauptet, er sei über alles Wissen und Wahrnehmen anderer hinausgelangt, behauptet, näher am Zen-Potential zu sein als irgend jemand sonst. Dies ist eine ganz üble Einstellung. So jemand ist vom König aller Dämonen besessen. Es ist der ketzerische Glaube, etwas erreicht zu haben, was in Wirklichkeit nicht erreicht ist.

83   Als nächstes: Wer sich eine Identität vorstellt und sich an Erscheinungen festklammert, wer sich gehenläßt und keine Fortschritte mehr macht, von so jemandem läßt sich einfach sagen, er sei ein Dummkopf. Er ist nicht lernbegierig und weit davon entfernt, ein Lernender zu sein. Das heißt »inhaltsleere Meinungen produzieren«.

84   Das Auftreten zweier Anschauungen: Hassen und Lieben, Urteilen nach Richtig und Falsch, führt zu intellektuellen und

emotionalen Gefühlen und Gedanken. Deshalb zerschlägt Caoshan so etwas mit einem Schwertschlag und sagt: »Wenn Gedanken voneinander abweichen, verdunkeln sie das mystische Sein. Wenn das Denken in die Irre geht, ist es dem Pfad nicht nahe.« Bedeutet das nicht, daß wir falsche Lehrer meiden und gute Gefährten suchen sollten? Durch die Gilde der schlechten Lehrer lernen die Menschen nur Meinungen und Interpretationen kennen und denken an Nähe und Ferne. Das heißt »inhaltslose Meinungen produzieren«.

Dieser »Pfad« und das »mystische Sein« sind das Son- 85
nenantlitz und das Mondenantlitz des Lichtes, des Wesens der Achtsamkeit. Trotzdem kann aus dem inneren Licht immer noch ein einzelner unachtsamer Gedanke aufsteigen und das irrende Denken falsche Vorstellungen nähren. Das sind dahintreibende Wolken, die sich vor den runden, hellen Mond des Bewußtseins schieben. Das ist der Grund, weshalb der Vers sagt: »Es ist dem Pfad nicht nahe.«

»Wenn Empfindungen Myriaden von Dingen unterschei- 86
den, versinkst du in den Gegenständen vor dir.« Schon der Buddha sagte: »Bewußtsein, Buddha und lebende Wesen – es besteht kein Unterschied zwischen diesen dreien.« Er sagte auch: »Es gibt nur eine Wahrheit.« Aber selbst wenn ihr solche großen Lehren hört und lest, stellt ihr willkürlich andere Wesen und das Selbst einander gegenüber und unterscheidet zwischen dem Edlen und dem Gemeinen, dem Profanen und dem Heiligen. Wegen der Schönheit oder Häßlichkeit von Klang und Form, wegen Reichtum und Armut, Gewinn und Verlust laßt ihr euch von den Gegenständen vor euch in Besitz nehmen. Das geschieht, weil ihr euch auf intellektuelle Anschauungen verlaßt und weil Stolz und Unglaube Praxis und Verwirklichung beeinträchtigen.

»Wenn das Bewußtsein viele Dinge widerspiegelt, verlierst 87
du die ursprüngliche Wirklichkeit.« Der Buddhismus paßte sich ursprünglich an Myriaden verschiedener Typen des inneren Potentials an, was zur Folge hatte, daß große und kleine, zeitliche und wahre, halbe und volle, teilweise und vollständige, exoterische und esoterische Lehren entstanden, Medita-

tion und Doktrinen, der Pfad der Weisen und der Weg des Reinen Landes. Es ist also nicht so, daß der Buddhismus nicht viele Aspekte hätte. Aber wenn ihr euch mit dem Verstand daran festklammert, verliert ihr schließlich die ursprüngliche Wirklichkeit.

88   »Wenn du vollständig verstehst, was in diesen Zeilen liegt, bist du wahrhaft sorgenfrei, als wärest du ein Wesen von ehedem.« Der Ausdruck »als wärest du ein Wesen von ehedem« bedeutet, daß es keine absichtliche Bemühung geben kann, um die Verwirklichung zu erreichen. Es ist der formlose Körper. Man sitzt vollkommen still, ohne daß Zweifel aufsteigen. Wenn ihr noch irgendeine intellektuelle Interpretation in eurem Denken behaltet, seid ihr nicht sorgenfrei, seid ihr nicht so, »als wäret ihr ein Wesen von ehedem«.

89   Shākyamuni Buddha sagte: »Es gibt nichts, was ich mir vom Dīpankāra Buddha erworben hätte, um die höchste, vollkommene Erleuchtung zu verwirklichen.« Das ist Ausdruck einer Begegnung mit Dīpankāra Buddha. Es ist »eine Feststellung, die über Millionen andere hinausgeht«. Das Licht dieses »nichts erworben« sollte gründlich studiert werden.

90   Heute verbringen jene, die sich als Buddha-Jünger späterer Zeiten den Kopf scheren und Schwarz tragen, Tage und Monate, erleuchtet vom Licht des Dīpankāra, der »Lampe«, aber sie fragen sich nicht, was Dīpankāra Buddha, die »Erleuchtete Lampe«, wirklich ist. Deshalb sind sie keine wirklichen Schüler. Sie geben sich nur das Aussehen Entsagender, um an Almosen zu kommen. In Wirklichkeit sind es Vagabunden und Diebe.

91   Wollt ihr das leugnen? Dann laßt mich euch fragen, welches die Kennzeichen und Eigenschaften der »Lampe Buddha« sind. Ja, da fällt euch nichts mehr ein, da fällt euch nichts mehr ein! Sagt doch etwas! Sagt doch etwas!

92   Wie traurig, daß ihr die »Lampe Buddha« nur als Erleuchteten der Vergangenheit auffaßt und nicht wißt, daß die »Lampe Buddha« zu allen Zeiten scheint. Wie könntet ihr also glauben, daß sie Lehren und Erreichen des Nirwana in eurer Nase, in euren Augen ist?

Nun gibt es noch eine Klasse Hörer der niedrigsten Art, die   93
immer wieder des Lebens und Todes überdrüssig werden und
dann hastig nach dem Nirwana suchen. Sie fassen ihren Ent-
schluß auf der Grundlage der Vorstellung, daß hier etwas
wirklich existiere und erreicht werden könne. Ihren selbsti-
schen Einbildungen setzen sie noch die Krone der religiösen
Gier auf, und so ist ihr Bewußtsein rastlos auf der Suche, bis sie
sterben. Lehrer ohne klare Wahrnehmung loben sie als gute
Gläubige, weshalb diese Leute ihr selbstgefälliges Festklammern und besitzergreifendes Denken für gewissenhafte spirituelle Praxis halten, stolz darauf sind und so schließlich zu
Leichenfledderern werden.

Um damit zu beginnen: Das buddhistische Studium der im-   94
merwährenden Energie und der reinen Übertragung der unveränderlichen, strahlenden Konzentration hat nichts mit
eurer irrigen Konzentration zu tun, welche Übung und Verwirklichung als zwei Stufen betrachtet und nur intellektuelles
Verständnis sucht.

Meister Baizhang sagte: »Das geistige Licht scheint für sich   95
allein, vollkommen frei von Sinnen und Gegenständen. Das
Wesen manifestiert sich, wirklich und ewig. Es läßt sich nicht
in Schriften einfangen. Die Natur des Geistes ist unbeschmutzt, vom Ursprung an vollständig und vollkommen in
sich selbst. Löse sie nur von falschen Gegenständen, und sie
erwacht zum So-Sein.«

Dieses geistige Licht scheint ununterbrochen, von der un-   96
endlichen Vergangenheit bis in die unendliche Zukunft. Das
nennt man »immerwährende Energie«. Vollkommen frei von
Sinnen und Gegenständen manifestiert sich das Wesen, wirklich und ewig. Das nennt man »dauerhafte Stabilität der Strahlung«. Auf dieses spirituelle Licht zu vertrauen, in Frieden zu
verharren, unerschütterlich, das wird »erhabene Konzentration des einfachen Sitzens« genannt.

Also muß es verschiedene Niveaus der Tiefe und Untiefe,   97
der Leichtigkeit und Schwere geben, selbst wenn die Rede davon ist, daß etwas erlangt wird. Wenn ihr euch nur an den Erscheinungen, den Phänomenen festklammert und förmliche

Übungen durchführt, weil ihr den Buddha außerhalb sucht und Wahr und Falsch nur nach Maßgabe von Schriften und Worten unterscheidet, übt ihr vielleicht das Almosengeben, während ihr doch beim äußeren Schein verharrt, und glaubt irrtümlich, dies sei eine Anhäufung von Verdiensten. Oder ihr fügt Körper und Seele Qualen zu, um die Sünde zu vernichten und gute Eigenschaften zu erzeugen, seid aber bloß stolz darauf, als sei so etwas sorgfältiges Üben. So etwas wird nicht »etwas erlangen« genannt.

98   Und selbst wenn ihr Feder und Tinte beiseite legt, euch aller Beziehungen zu Menschen enthaltet, allein in einem leeren Tal sitzt, euch von Baumfrüchten ernährt und mit Gräsern kleidet und die ganze Zeit dasitzt, ohne euch niederzulegen, wenn ihr im Bewußtsein versucht, jede Bewegung anzuhalten und zur Bewegungslosigkeit zu führen, die Illusionen vollständig abzuschneiden, nur in der absoluten Wahrheit zu verharren, Samsara zurückzuweisen und Nirwana zu ergreifen, das eine verachtend, das andere liebend – so wäre all das noch besitzergreifendes Denken.

99   Aus diesem Grund sagte der große Lehrer Yongjia: »Wenn ihr auch das Dasein aufgebt und euch an die Lehre heftet, so ist eure Krankheit doch immer noch da. Das wäre, wie ins Feuer zu springen, um nicht zu ertrinken. Wenn ihr die Vorstellungen zurückweist, nur um die Wahrheit zu ergreifen, so erzeugt das ergreifende und zurückweisende Denken kluge Falschheit. Schüler, die nicht begreifen, wie man Übungen zur Entwicklung tatsächlich durchführt, enden damit, daß sie einen Dieb als ihren eigenen Nachkommen anerkennen. Aus einem solchen Denken, Verstand und Bewußtsein müssen unvermeidlich Verlust jedes spirituellen Reichtums und Zerstörung aller Tugend entstehen.« Also sollten Schüler mit Körper und Seele in den Lichtschatz eintauchen, der ganze Körper frei und leicht im Licht des Buddha, und sich sitzend, liegend und gehend darin aufhalten.

100   Das ist der Grund, weshalb der Buddha sagte: »Ein Nachkomme des Buddha verweilt auf dieser Stufe, die die Erfahrung der Buddhaschaft ist. Er befindet sich immer darin, gehend, sit-

zend und liegend.« Diese goldenen Worte sollten von allen, die danach streben, Nachkommen des Buddha zu werden, auch nicht für einen Augenblick vergessen werden. »Diese Stufe« ist der Lichtschatz. Es ist das eine und einzige Fahrzeug zur Buddhaschaft. Laßt nicht zu, daß ein einzelner Gedanke, der sich von der Erleuchtung abwendet, um mit materiellen Gegenständen zu verschmelzen, diese Erfahrung der Buddhaschaft in die Erfahrung der Tierheit oder des Gespensterdaseins verwandelt.

Und jetzt erzählt mir etwas über die Kennzeichen und 101 Eigenschaften, über den Ort des Nirwana, des Dīpankāra Buddha, des Shākyamuni Buddha, oder der sieben Buddhas und Geschlechter der Zen-Meister, die die Flamme der Lampe weitertrugen: Erforscht und studiert ihr sie als weit entfernt in Zeit und Raum befindliche Wesen oder lernt ihr sie kennen und denkt an sie als an dauernd gegenwärtige und ewige Wesen? Würdet ihr sagen, sie befänden sich in der Juwelenburg des schweigenden Lichtes?

Ihr begreift, daß »die wahre Realität des Buddha wie Raum« 102 ist, aber auf einem ganz anderen Niveau. Wenn ihr nicht die Höhle erlernter Urteile und Vergleiche durchquert und darüber hinausgelangt, wie könntet ihr dann Meister des Erbes des Buddha-Lichtes genannt werden? Ihr seid dann nur heulende Schakale, die sich an den Körper eines Löwen heften.

Wenn ihr die Wahrheit nicht mit eigenen Augen erforschen 103 könnt, seid ihr, selbst wenn ihr euch die Köpfe schert und euch schwarz kleidet, nur bejammernswerte Wesen. Selbst wenn ihr tausend Schriften und zehntausend Abhandlungen interpretieren könnt, »zählt ihr dann nur die Schätze eines anderen Hauses«. Ihr seid dann »Seefahrer, die wissen, daß es irgendwo etwas Wertvolles zu holen gibt, aber den Preis dafür nicht kennen«.

Sagt mir doch, jetzt im Augenblick, während ihr euer 104 »großes und kleines Geschäft« verrichtet, euch kleidet und eßt: Wessen Erfahrung ist das eigentlich? Und was hat es mit den Farben des Wassers, der Landschaft der Berge, dem Kommen und Gehen von Hitze und Kälte, den Frühlingsblumen, dem Herbstmond, den Tausenden von Wechseln und Zehntausenden von Verwandlungen auf sich? Wahrlich, das ist eine »höchst wundersame Verfassung. Licht, das die Zehn Himmelsrichtungen erleuchtet.« Es ist »Samsara und Nirwana sind wie der Traum der letzten Nacht«. Es ist »Sein ist Nicht-Sein, Nicht-Sein ist Sein«. Wenn es nicht so ist, handelt es sich, selbst wenn ihr davon sprecht, »immer dort auf dem geistigen Berg zu sein«, um eine falsche Lehre, eine trügerische Rede. Selbst wenn ihr dann von »ewig schweigendem Licht, das weder ins Dasein tritt noch vergeht« hört, würde ich sagen, so etwas ist nur Gerede ohne wirkliche Bedeutung.

105   In einem klassischen Ausspruch über den Weg der Einheit sagte Shākyamuni Buddha: »Jene, die noch die Vorstellung von einem Selbst hegen und sich an Erscheinungen heften, können an diese Lehre nicht glauben. Und auch jene, die eine lebensverneinende Verwirklichung üben, sind kein fruchtbarer Boden. Wollt ihr die Keime der Erleuchtung entwickeln, so daß das Licht die Welt erleuchtet, so solltet ihr mit Bedacht die wirklichen Merkmale der Phänomene untersuchen: Sie werden nicht geboren und vergehen nicht. Sie dauern nicht und werden doch auch nicht vernichtet. Sie sind nicht eins und sind doch auch nicht verschieden. Sie kommen nicht und gehen nicht. Macht keine Unterschiede in Gedanken, unterscheidet nicht einmal zwischen Lernen und dem Zustand jenseits des Lernens.«

106   Also sollte dieser klassische Ausspruch vom Licht, das die Welt erleuchtet, von euch bis in die Knochen hinein gehört werden, bis ins Mark hinein gehört werden. Es ist der erhabene Körper, in dem der große Auftrag der Buddhas aller Zeiten manifest wird. Wenn ihr es auf euch nähmt, das in die Praxis umzusetzen, wärt ihr dann nicht, jeder einzelne, überglücklich?

107   Doch wie ich die heutigen Schüler sehe, die nur auf Unwissenheit aufbauen, so verbringen sie ihr Leben damit, Tag und Nacht an sich zu arbeiten, und hoffen, auf diese Art schließlich bis ins Licht schauen zu können. Wieder andere versuchen dieses strahlende, reine Licht dadurch zu schauen, daß sie Meditation praktizieren, um zufällige, umherschweifende

Gedanken loszuwerden. Immer wieder versuchen sie, die Flammen auszutreten, in der Hoffnung, das ewig schweigende Licht dadurch zu erblicken. Aber wenn ihr glaubt, das totale Nicht-Aufsteigen von Gedanken sei richtig, sind dann Holz, Steine und Erdklumpen richtig? Ach, ihr alle gehört zur niedrigsten Sorte von Hörern! Ihr ertrinkt beim Versuch, nicht zu verbrennen. Wie töricht! Während ihr an der Sitzmeditation der Zwei Fahrzeuge und an den Neigungen des gewöhnlichen Menschen haftet, wollt ihr die höchste, universelle Erleuchtung verwirklichen! Es gibt nichts Dümmeres und Verkehrteres.

Aus diesem Grund heißt es: »Die Menschen auf den Zwei 108 Fahrzeugen mögen eifrig sein, aber es fehlt ihnen der Geist der Erleuchtung. Außenseiter mögen intellektuell brillant sein, aber es fehlt ihnen die Weisheit. Unwissend und dumm, pedantisch und ängstlich glauben sie, es sei etwas Wirkliches in einer leeren Faust.«

Das Bewußtsein auf diese Weise zu entwickeln oder zu su- 109 chen bedeutet, vom Kalkulieren und Spekulieren behindert zu werden und das allem innewohnende vollkommene Licht zu begraben. Ja, nicht nur dies, so etwas verschmäht auch die wahre Lehre des Buddha und führt zur ununterbrochenen Hölle.

Des weiteren sind zahllose Klosteräbte vom 6. Jahrhundert 110 bis heute bloße Ignoranten gewesen, leer an Weisheit, die die blinden Massen von sich überzeugter, besitzergreifender Menschen an sich zogen. Müssen wir sie nicht bedauern? Müssen sie uns nicht leid tun? Und jene, die von Zeit zu Zeit aus diesem Nest hervorkommen, sehen Geister und Gespenster, denn ihr diebisches Denken ist immer noch nicht tot.

Manche von ihnen halten eine nur zeitweise Energieaufwal- 111 lung für das Wahre und erweisen ihr definitive Anerkennung. Es kommt vor, daß sie aufgrund einer vorübergehenden Inspiration lange Zeit sitzen, ohne sich niederzulegen, bis zur völligen Erschöpfung von Geist und Bewußtsein, wodurch alle Dinge für sie gleich werden, Aktivität und Lebensvollzug für eine Weile aufhören und die Gedanken zur Ruhe kommen.

Dann mißverstehen sie diesen Zustand, der der einzigartigen Strahlung ätherischer Spiritualität ähnelt, und denken, es sei der Zustand, wo Inneres und Äußeres eins werden: der ursprüngliche Grund des fundamentalen Zustands des wesentlichen Selbst.

112   Hierauf laufen sie mit dieser Interpretation zu Zen-Lehrern, die kein echtes Wahrnehmungsvermögen besitzen, und tragen ihnen diese Auffassung vor. Und da diese Lehrer keine Augen besitzen, um Menschen zu durchschauen, sind sie mit ihren Besuchern einig und geben ihnen wertlose Bestätigungen, woraufhin die Besucher sich selbst graduierte Zen-Mönche nennen. Zahllose Schüler des Weges mit nur oberflächlichem Bewußtsein und geringen Kenntnissen fallen diesem Gift zum Opfer. Wahrlich, selbst wenn wir davon sprechen, wir lebten im Zeitalter des Verfalls der Lehre: Ist so etwas nicht höchst bedauerlich?

113   Ich pflege Menschen, die wirkliche Sucher sind und ein ebensolches Streben besitzen, in aller Bescheidenheit zu sagen: Klammert euch nicht an eine Methode oder einen Zustand, verlaßt euch nicht auf intellektuelles Verständnis oder Brillanz, bindet nicht jedem auf die Nase, was ihr im Sitzen lernt. Taucht mit Körper und Seele in den großen Lichtschatz ein, ohne zurückzublicken, und »lauscht mit offenen Ohren«, ohne die Erleuchtung zu suchen, ohne den Versuch zu machen, die Illusionen loszuwerden, ohne Widerstand gegen das Aufsteigen von Gedanken und doch auch ohne den Wunsch, Gedanken festzuhalten.

114   Wenn ihr die Gedanken nicht festhaltet, können keine Gedanken mehr aufsteigen. Sitzt fest entschlossen da, wie ein leerer Raum, wie ein Feuermeer, laßt euren Atem natürlich aus- und einströmen und euch in nichts hineinziehen.

115   Selbst wenn vierundachtzigtausend zufällige Gedanken aufsteigen und wieder verschwinden – solange sich der Betreffende nicht in sie hineinzieht, sondern sie einfach gehen läßt, wird jeder Gedanke selbst zum Licht der Geistkraft der Weisheit. Und das geschieht dann nicht nur beim Sitzen. Jeder Schritt ist dann ein Gehen im Licht. Laßt ihr euch Schritt um

Schritt niemals mehr mit dem subjektiven Denken ein, vierundzwanzig Stunden am Tag, so seid ihr wie jemand, der ganz tot ist, völlig ohne Selbstbild oder subjektive Gedanken.

Trotzdem sind Ausatmen und Einatmen, das Wesen des 116 Hörens und das Wesen des Fühlens ohne bewußtes Wissen oder subjektive Unterscheidung schweigend scheinendes Licht, in dem Körper und Seele ein einziges So-Sein sind. Wenn jemand in diesem Zustand gerufen wird, erfolgt eine unmittelbare Antwort. Das ist das Licht, in dem der Profane und der Weise, der Getäuschte und der Erleuchtete ein So-Sein sind. Selbst inmitten der größten Aktivität wird es durch Aktivität nicht behindert. Wälder und Blumen, Gräser und Blätter, Menschen und Tiere, Groß und Klein, Lang und Kurz, Eckig und Rund, alles tritt auf einmal in Erscheinung, ohne daß dies von euren Unterschiede machenden Gedanken und euren Interessen abhinge. Das ist ein klarer Beweis dafür, daß das Licht von Aktivität nicht behindert wird. Es ist leere Helligkeit, die spontan leuchtet, ohne daß mentale Energie eingesetzt werden müßte.

Dieses Licht hat niemals eine Wohnstätte gehabt. Selbst 117 wenn Buddhas in der Welt erscheinen, erscheint es nicht in der Welt. Selbst wenn sie ins Nirwana eintreten, tritt es nicht ins Nirwana ein. Wenn ihr geboren werdet, wird das Licht nicht geboren. Wenn ihr sterbt, wird das Licht nicht ausgelöscht. Es ist nicht mehr in den Buddhas und nicht weniger in den gewöhnlichen Wesen. Es geht in der Verwirrung nicht verloren und wird in der Erleuchtung nicht erweckt. Es hat keinen Ort, kein Aussehen, keinen Namen. Es ist die Totalität aller Dinge. Es kann nicht ergriffen, kann nicht zurückgewiesen, kann nicht erlangt werden. Und während es nicht erlangbar ist, ist es doch in Wirklichkeit in allem Sein. Vom höchsten Himmel droben bis zur tiefsten Hölle drunten ist es also vollständig klar, ein wundersames, unvorstellbares geistiges Licht.

Glaubt ihr dieser mystischen Botschaft und nehmt sie an, 118 braucht ihr niemanden sonst zu fragen, ob sie wahr oder falsch ist. Es ist so, wie wenn ihr mitten in der Stadt euren eigenen Vater träfet. Bittet nicht andere Lehrer um das Siegel der Bestätigung und verlangt nicht danach, daß man euch Voraussagen macht und daß ihr die Erfüllung verwirklicht. Und wenn einem sogar diese Dinge nicht mehr wichtig sind, warum sollte man dann auf Nahrung, Kleidung und Wohnung Wert legen oder auf ein biologisches Verhalten, das auf dem Geschlechtstrieb und emotionalen Bindungen beruht?

119   Dieses Aufgehen im Lichtschatz ist von Anfang an der Ort, an dem alle Buddhas das Meer der Erleuchtung verwirklichen. Deshalb ist es Sitzen wie Buddha und Handeln wie Buddha, ausgeführt in äußerster Einfachheit. Jene, die bereits Buddhisten sind, sollten nur im Sitzen des Buddha in Ruhe sitzen. Sitzt nicht im Sitzen der Höllen, im Sitzen der hungrigen Geister, im Sitzen der Tiere, im Sitzen der Gegengötter, der Menschen oder himmlischen Wesen. Sitzt nicht im Sitzen der Hörer oder jener, die für Bedingtheiten offen sind.

120   Sitzt einfach auf diese Art. So verschwendet ihr eure Zeit nicht. Das wird genannt »Erleuchtungs-Ort des ausgerichteten Bewußtseins« oder »Aufgehen im Lichtschatz der unvorstellbaren Befreiung«.

121   Diese Abhandlung sollte niemandem außer Menschen, die in der Schule sind und den Raum betreten haben, gezeigt werden. Meine einzige Sorge ist, daß keine falschen und vorgefaßten Meinungen auftreten, sei es beim eigenen Üben, sei es beim Belehren anderer.

Man-An

Gespräch über die Grundlagen des Zen

Obwohl der Weg der Buddhaschaft lang und weit ist, führt er 1
letzten Endes keinen Zentimeter über irdischen Boden. Obwohl es über eine Periode von drei unberechenbar langen
Äonen geübt, verwirklicht und beherrscht wird, ist das wahre
Bewußtsein nicht weit entfernt. Obwohl es dabei auf fünfhun-
dert Meilen Gefahr und schlechte Straßen gibt, ist der Schatz
in nächster Nähe. Wenn Menschen, die Zen studieren, um den
Weg zu erlernen, auch nur einen falschen Schritt tun oder einen einzigen Gedanken aufsteigen lassen, sind sie schon wieder zehn Trillionen Länder und Milliarden Äonen entfernt.

Ihr braucht nur eure eigene Wesensnatur zu sehen, um 2
Buddhaschaft zu erlangen. Die in den Schriften enthaltenen
Lehren, die der Buddha während seines ganzen Lebens gab,
sind Anweisungen, die Wesensnatur zu sehen. Wenn es jedoch dazu kommt, daß man die Wesensnatur selbst sieht und
zum Weg erwacht, so sind das Mitteilungen außerhalb der
Lehre, die nicht in Symbolen geschrieben stehen.

In diesem Punkt gibt es keine Unterschiede zwischen dem 3
Klugen und dem Dummen, dem Reichen und dem Armen,
dem Bettelmönch und dem Laien, dem östlichen und westlichen Menschen, den Alten und den Modernen. Alles hängt
nur davon ab, ob der Wille zur Erleuchtung vorhanden ist
oder nicht und ob Anweisung und Führung falsch oder richtig
sind.

Selbst wenn ihr von tausend Buddhas und zehntausend Zen- 4
Meistern Anweisungen erhaltet, könnt ihr, falls ihr selbst nicht
rein und festen Glaubens im rechten Bewußtsein beharrt, niemals die Wesensnatur sehen und zum Weg erwachen. Das ist
der Grund, weshalb ihr eure Wesensnatur nur mittels eures
eigenen Bewußtseins verwirklicht und euer Leben nur mittels
eurer eigenen Einsicht versteht. Wenn die rechte Bewußtheit

nicht kontinuierlich und die Konzentration nicht rein und eindeutig ist, sind all eure Anstrengungen vergeblich.

5   Rechte Bewußtheit bedeutet, daß man keine Gedanken hat,
und Konzentration bedeutet, daß man sich keine mentalen
Bilder vorstellt. Zen-Meister Dōgen sagte: »An das zu denken,
was nicht denkt, das ist die eigentliche Kunst der Meditation
im Sitzen.«

6   Wenn ihr euch intensiv vierundzwanzig Stunden am Tag
konzentriert, wie im Tun so auch im Ruhen, und Erkenntnis
und Handeln zu einem macht, verlieren die schlechten Einflüsse von innen und von außen die Möglichkeit, euch zu
beherrschen, und ihr gelangt über alle Hindernisse hinaus.
Gut und Böse, Richtig und Falsch, Freude und Schmerz, Vor-
teil und Nachteil, alles wird mit einem Schlag weggespült, die
Wurzel des durch anfanglose Unwissenheit ausgeübten
Zwangs wird durchtrennt, und ihr seht den ursprünglichen Zustand, wie er vor Raum und Zeit bestand.

7   »Vor Raum und Zeit« bedeutet nichts in Raum und Zeit Ent-
ferntes. Glaubt auch nicht, es sei irgend etwas aus alter Zeit. Es
ist die unmittelbare Erfahrung des Sehens der Wesensnatur im
Jetzt: Es ist der Zeitpunkt, wo ihr euer Selbst losläßt und jeden
Zwang aufgebt.

8   Des weiteren sollte verstanden werden, daß auch die Anru-
fung von Buddha-Namen und die Rezitation der Schriften
scharfe Schwerter sind, die Wurzel des Zwangs zu durchtren-
nen. Aber glaubt nicht, daß ihr durch immer wiederholte Anstrengungen und Anhäufung von Verdiensten nach dem Tod
wiedergeboren werdet, um dann den Buddha zu sehen. Sucht
nicht Ergebnisse in Form von Seligkeit und Gnade. Auch ans
Wunderbare solltet ihr nicht gebunden sein.

9   Da das vergangene, gegenwärtige und zukünftige Bewußtsein nicht absichtlich ergriffen werden kann, erscheint die
rechte Bewußtheit spontan. Was immer ihr auch tut, konzentriert euch mit ganzem Herzen auf die Fragen an den inneren
Meister, der wahrnimmt, erkennt und empfindet.

10   Sind aber eure Anstrengungen nur schwach, so wird sich
kein echtes Fragen einstellen, und es wird schwer sein, die

falschen Bilder zu vertreiben. Wenn ihr schon zu einem frühen Zeitpunkt Erfüllung erlangen wollt, schwingt dann das euch von König »Bewußtsein« in die Hand gedrückte Schwert und marschiert geradeaus: Trefft ihr auf Buddhas, tötet die Buddhas; trefft ihr auf Zen-Meister, tötet die Zen-Meister; trefft ihr auf eure Eltern, tötet eure Eltern; trefft ihr auf die Scharen der Lebewesen, tötet die Scharen der Lebewesen. Vernichtet alles Belebte und Unbelebte, alle Formen und Erscheinungen, Berge, Flüsse und Erde, alle Zeiten und Orte, Gut und Böse, Richtig und Falsch, mit allem, was erscheint und wieder verschwindet, was durch die Tore der Sechs Sinne und die Straßen der Sieben Bewußtseinsarten kommt und geht. Und erst wenn ihr das alles vollständig getötet habt, verdient ihr, falls ihr nur noch eine kurze Wendung macht und ins Reich des kosmischen Raumes eintretet, den Namen eines wirklichen Helden. Wenn ihr bis zu diesem Punkt gelangt, wird aller Zweifel verflogen sein, daß Buddhas und Lebewesen, Erleuchtung und Bedrängnisse, Samsara und Nirwana, Himmel und Hölle nichts als Illusionen sind.

Beim Studium des Zen dürft ihr auch nicht einen Augenblick nachlassen. Spornt euren Lebensgeist an beim Einatmen und Ausatmen. Beobachtet eure Schritte beim Vorwärts- und Rückwärtsgehen. Seid so, als galoppiertet ihr auf einem Pferd, bewaffnet mit nur einem Schwert, auf eine gegnerische Millionen-Armee zu. 11

Solange eure Konzentration nicht eindeutig ausgerichtet ist, wie im Tun so auch im Ruhen, wird es schwer sein, auch nur den geringsten Einklang mit der Wirklichkeit zu erzielen. Die Konzentration der rechten Bewußtheit sollte vor allem inmitten der größten Aktivitäten geübt werden. Ruhe ist nicht unbedingt vorzuziehen. 12

Man denkt immer gern, die Zen-Praxis führe unter den Bedingungen der Ruhe und Stille schneller zum Ziel, und Aktivität lenke nur ab. Aber die durch Übung in der Stille erlangte Kraft ist unzuverlässig, sobald man mit hektischen Situationen konfrontiert wird. Sie ist feige und schwach. Wie könnte man in diesem Fall von einer Begabung mit Kraft sprechen? 13

14   Die Konzentration der rechten Bewußtheit ist ein Zustand
des Aufgehens, der vierundzwanzig Stunden am Tag im Betreffenden vorherrscht. Aber er weiß es nicht einmal bewußt.
Selbst wenn ihr den ganzen Tag arbeitet, werdet ihr dabei
nicht müde. Und selbst wenn ihr lange Zeit allein und schweigend sitzt oder steht, wird es euch nicht langweilig. Nach der
Erleuchtung zu suchen, wobei Erkenntnis und Handeln ver-
eint sind: das heißt »wahres Studium«.

15   Wollt ihr schnell zur Beherrschung aller Wahrheiten gelangen und in allen Wechselfällen unabhängig sein, so ist Konzentration inmitten von Aktivität das Beste. Das ist der Grund,
weshalb es heißt, daß Schüler der Mystik, die auf dem Weg arbeiten, mitten in der materiellen Welt sitzen sollten.

16   Der Dritte Patriarch des Zen sagte: »Wenn ihr den Weg der
Einheit einschlagen wollt, dann wendet euch nicht von den
Gegenständen der sechs Sinne ab.« Das heißt nicht, daß ihr
euch den Gegenständen der sechs Sinne hingeben solltet. Es
heißt nur, daß ihr kontinuierlich rechte Bewußtheit aufrechter-
haltet und im Alltag weder nach den Gegenständen der sechs
Sinne greift noch sie zurückweist, wie eine Ente, die ins Wasser geht, ohne daß ihre Federn naß werden.

17   Verachtet ihr im Gegensatz dazu die Gegenstände der sechs
Sinne und sucht sie zu meiden, so ist das ein Hang zur Welt-
flucht, und ihr werdet niemals den Weg der Buddhaschaft vollenden. Wenn ihr das Wesen klar seht, sind die Gegenstände
der sechs Sinne selbst die Meditation, sind die Wünsche selbst
der Weg der Einheit und sind alle Dinge Manifestationen der
Wirklichkeit. Wer in die große Zen-Festigkeit, ungeteilt durch
Bewegung und Bewegungslosigkeit, eintritt, dessen Körper
und Seele sind befreit und leicht geworden.

18   Was Menschen betrifft, die, Sinnesgegenstände und -wün-
sche innerlich ablehnend, mit spirituellen Übungen beginnen,
so sind sie, selbst wenn ihr Bewußtsein und Denken leer und
still und ihre kontemplative Schau vollkommen klar ist, sobald
sie diesen Ruhezustand wieder verlassen und sich in den Alltag begeben, doch wie ein Fisch außerhalb des Wassers, wie
ein Affe, der seine Bäume verläßt.

Sogar Menschen, die sich tief in die Bergwälder zurückzie- 19
hen, alle Beziehungen zur Welt für immer abbrechen und als
Asketen von den Früchten der Bäume leben, erlangen nicht
leicht eindeutige Ausgerichtetheit der Konzentration. Unnötig
zu sagen, daß das für jene noch schwerer ist, die nur dem
Namen nach als Bettelmönche auftreten oder Hausväter
ohne Tiefgang sind, ständig mit ihrem Lebensunterhalt beschäftigt.

Wahrlich, es wird euch schwerfallen, außer ihr habt einen 20
unerschütterlichen, überwältigend starken Glauben oder ihr
seid von überwältigender Hingabe und Begeisterung belebt
oder werdet von einem überwältigenden Tod überrascht: Es
wird euch schwerfallen, reine, in Erkenntnis und Tat, in Handeln und Ruhen ungeteilte Konzentration zu erlangen.

Aber wenn ihr mit ganzem Herzen darauf achtet, wie ihr 21
eure Zeit verbringt, euch der Flüchtigkeit des Lebens bewußt
und selbst inmitten der Wunschgegenstände auf die Zen-Ar-
beit ausgerichtet seid, wenn ihr, ohne rechts und links zu
blicken, geradeaus geht, werden sich die eisernen Mauern öffnen. Ihr werdet die unendliche Freude erleben, über den
Polarberg zu gehen und Meister innerhalb der Sinnesgegenstände zu werden. Ihr werdet sein wie eine Lotosblüte im
Feuer, die durch das Feuer noch farbiger und duftender wird.

Kommt mir nicht mit dem Einwand, es sei für Laien, die in 22
der Welt der Sinne und Wünsche leben, schwerer zu sitzen
und zu meditieren, oder es sei fast unmöglich, sich bei so vielen weltlichen Pflichten zu konzentrieren, oder ein Beamter
oder Selbständiger könne Zen nicht praktizieren, oder der
Arme und Kranke habe nicht die Kraft, auf dem Weg zu arbeiten. All diese Entschuldigungen entspringen nur der Schwäche
des Glaubens und einer Oberflächlichkeit des Denkens in Bezug auf die Erleuchtung.

Sobald ihr bemerkt, daß Leben und Tod ernste Dinge sind 23
und daß die Welt in der Tat vergänglich ist, wird euer Bedürf-
nis nach Erleuchtung wachsen. Das betrügerische Herz des
Egoismus, der Ichbezogenheit, des Stolzes und der Begehr-
lichkeit wird allmählich absterben, und ihr werdet dahin ge-

langen, auf dem Weg durch Meditation im Sitzen zu arbeiten, bei dem Erkenntnis und Tat eins sind.

24 Angenommen, ihr verlöret euer einziges Kind in einer Menschenmenge, oder es fiele euch das kostbarste Kleinod zu Boden: Würdet ihr dann das Kind oder das Kleinod fahrenlassen, nur wegen des Gedränges und der Leute? Würdet ihr nicht danach suchen, selbst wenn ihr beruflich stark beansprucht oder krank und arm wäret, selbst wenn ihr euch in eine ungeheure Menschenmenge stürzen und bis in die Nacht hinein suchen müßtet? Wäre es nicht so, daß ihr euch nicht eher zufrieden gäbet, als bis ihr euer Kind oder euer Kleinod gefunden und wieder an euch genommen hättet?

25 Als Mensch geboren zu sein und die wahre Lehre gehört zu haben, ist eine äußerst seltene Gelegenheit. Daher hieße, die Meditation eurer Karriere wegen zu vernachlässigen, das Leben der Weisheit des Wahrheitskörpers der Buddhas weniger ernst zu nehmen als weltlichen Besitz. Doch wenn ihr nach Weisheit so eindeutig ausgerichtet sucht wie jemand, der ein Kind verloren hat oder ein Kleinod hat fallenlassen, so werdet ihr ihr ohne jeden Zweifel eines Tages begegnen und vor Freude aufjauchzen.

26 Menschen auf allen denkbaren Lebenswegen sind immer mit allen möglichen Dingen beschäftigt. Wie könnten sie Zeit finden, den ganzen Tag schweigend in ruhiger Kontemplation zu sitzen? Ebenso gibt es hier Zen-Lehrer, denen es nicht geglückt ist, diese Meditation und Konzentration im Sitzen zu üben! Deshalb lehren sie ausdrücklich Abgeschiedenheit, Ruhe und Vermeidung von Menschenansammlungen. Sie sagen, »intensive Meditation und Konzentration können mitten in Beruf, Geschäft und Arbeit nicht erlangt werden«, wodurch sie eine falsche Bewußtseinsausrichtung ihrer Schüler bewirken.

27 Menschen, die auf solches Gerede hören, stellen sich infolgedessen Zen als etwas schwer Auszuführendes und Auszuübendes vor. Und deshalb nehmen sie von ihrer anfänglichen Begeisterung, Zen zu üben, wieder Abstand, verlassen die Quelle und versuchen zu fliehen. Und so gleichen sie immer

wieder gemeinen Wanderarbeitern. Das ist wirklich sehr zu bedauern. Und sollten sie auch aufgrund irgendeiner in der Vergangenheit gelegten Ursache von tiefem Streben erfüllt sein, kommen sie doch dahin, daß sie um des Weges willen ihren Beruf vernachlässigen und ihre sozialen Tugenden verlieren.

Ein alter Weiser hat einmal gesagt: »Wenn die Menschen 28 heutzutage so sehr nach Erleuchtung verlangten, wie sie nach der Umarmung ihrer Geliebten verlangen, würden sie, gleichgültig wie anspruchsvoll ihr Beruf und wie luxuriös ihre Wohnungen wären, nicht versäumen, ununterbrochene, bis zur Erscheinung des Großen Wunders führende Konzentration anzustreben.«

Viele Menschen, sowohl der alten als auch der neueren 29 Zeit, sind zum Weg erwacht und haben inmitten von Aktivität die Wesensnatur erblickt. Alle Wesen zu allen Zeiten und Orten sind Manifestationen des einen Bewußtseins: Wenn das Bewußtsein erregt ist, regen sich auch alle möglichen Dinge. Wenn das Bewußtsein ruhig ist, sind alle Dinge ruhig. »Wenn das eine Bewußtsein ungeboren ist, sind alle Dinge ohne Fehl und Tadel.« Wenn ihr euch deshalb auch an ruhigen, schönen Plätzen hoch in den Bergen aufhaltet und schweigend in ruhiger Betrachtung dasitzt – solange ihr dem Affenpferd-Bewußtsein der Begrifflichkeit den Weg nicht abgeschnitten habt, verschwendet ihr nur eure Zeit.

Der Dritte Patriarch des Zen sagte: »Solltet ihr versuchen, 30 alle Bewegung anzuhalten und zur Bewegungslosigkeit zu gelangen, so wird gerade dieses Anhalten noch mehr Bewegung verursachen.« Wenn ihr versucht, wahres So-Sein dadurch zu erlangen, daß ihr zufällige Gedanken ausmerzt, schindet ihr nur euren Lebensgeist, verringert eure Mentalenergie und werdet krank. Ja, nicht nur das, ihr werdet vergeßlich und ablenkbar und fallt in die Grube wirren Denkens.

Ihr solltet die beiden Methoden des Aufhörens und Beob- 31 achtens anwenden, um zu vollkommener Disziplin, Konzentration und Einsicht zu kommen. Aufhören ist Zen-Konzentration, Beobachten ist Zen-Einsicht. Beim Aufhören sind

Denken, Verstand und Bewußtsein nicht mehr tätig, wodurch alles Fehlverhalten verhindert und die Wurzel unbewußter zwanghafter Einflüsse abgeschnitten wird. Es gibt dann keinerlei Verstoß gegen Vorschriften mehr, weder große noch kleine. Beim Beobachten gibt es kein Haften an äußeren Verhaltensweisen. Alle Vorstellungen vom Selbst und von den Dingen sind entleert, von anfanglosen Gewohnheitshandlungen verursachte Widerstände beseitigt, und das geistige Licht des wahren Selbst leuchtet überall hin, innen und außen.

32   Es gibt kein Aufhören ohne Beobachten und kein Beobachten ohne Aufhören. Vereinigt man die Zwei Wahrheiten von Leere und bedingtem Sein, so ist die höchste Wahrheit des Mittleren Weges begründet.

33   Vorbilder für die Übung der Meditation im Sitzen und für Wege zur Bewußtseins-Konzentration sind uns durch die Überlieferung von den Buddhas und Zen-Meistern überkommen. Aber ihr solltet auch wissen, daß es Arten der Meditation im Sitzen gibt, die charakteristisch für Sucher nach individueller Befreiung, Sucher nach himmlischen Zuständen, humanitär eingestellte Menschen und alle möglichen religiösen Menschen sind. Jene jedoch, die nach der unübertrefflichen Erleuchtung suchen, sollten die Sitzmeditation der Buddhas und Zen-Meister praktizieren.

34   Buddhas und Zen-Meister sind von Anfang an vom größten Mitleid erfüllt. Sie vergessen die großen Scharen der Lebewesen niemals. Die wesentliche Kunst der Meditation im Sitzen besteht darin, daß man in der Lotosstellung dasitzt, den Körper gerade hält, richtige Bewußtheit, Aufhören und Beobachten beibehält und den Atem darauf abstimmt.

35   Breitet in einem sauberen, aufgeräumten Raum, unter einem Baum oder auf einem Felsen eine dicke Sitzmatte aus. Dann lockert euren Gürtel und setzt euch. Winkelt zuerst das rechte Bein an und legt den rechten Fuß auf den linken Oberschenkel. Legt jetzt die rechte Hand auf das linke Bein, Handfläche nach oben, und die linke Handfläche auf die rechte Handfläche, wobei die beiden Daumen sich berühren und einander aufstellen.

Sitzt gerade, lehnt euch weder vor noch zurück, bringt die 36
Ohren mit den Schultern in eine Linie und die Nase mit dem
Nabel. Die Augen, offen wie gewöhnlich, fixieren die Nasen-
spitze. Schließt die Augen nicht, denn das würde Vergessenheit und Schläfrigkeit begünstigen. Laßt euer Bewußtsein in
der Handfläche der linken Hand ruhen und eure Energie
Bauch, Hüften, Beckenregion und Beine ausfüllen.

Weitet nun das Energiemeer in der Nabelgegend, atmet tief 37
ein und laßt den Atem durch den Mund vollständig wieder
ausströmen. Schließt sodann die Lippen und laßt in fort-
währendem, sanftem Ein- und Ausatmen frische Luft durch die
Nase ein- und ausströmen, weder zu schnell noch zu langsam.
Achtet auf den Ein- und Austritt des Atems und denkt an das,
was nicht denkt. Wenn ihr euch mit ganzem Willen konzentriert, wird euch die fundamentale Energie auf ganz natürliche
Weise erfüllen und stärken. Euer Bauch wird werden wie ein
Kürbis oder ein Ball.

Die Regeln für die Meditation im Gehen sind, daß man ge- 38
messen, ruhig und vorsichtig voranschreitet, einen halben
Schritt bei jedem Atemzug macht und dabei ein Viereck beschreibt. Wollt ihr aus dem Zustand der Ruhe zum Schreiten
übergehen, dann massiert euren Körper zunächst, regt euch
dann und steht ruhig und vorsichtig auf. Geht langsam und
folgt einem geraden Weg.

Bewegt zuerst den rechten Fuß, dann den linken. Jedesmal, 39
wenn ihr einen Schritt macht, sollte er die halbe Länge eures
Fußes betragen, und jede Fußbewegung sollte im Intervall eines Atemzugs erfolgen. Blickt auf den Boden etwa sechs Fuß
vor euch und geht mit aufgerichtetem Körper. Wollt ihr abbie-
gen, wendet euch nach rechts. Ob ihr vorwärts geht, ob ihr
rückwärts geht – ist eure Konzentration rein und eindeutig,
wird die Wahrheit sich offenbaren, und euer Standpunkt wird
niemals subjektiv sein.

Die Methode der Atemkoordination ist folgendermaßen: 40
Habt ihr euch auf eurem Sitz niedergelassen, nährt eure Mentalenergie im Energiemeer und im Elixierfeld. Laßt sie nicht
über die Nabelgegend hinaus aufwärtssteigen. Atmet durch

die Nase, niemals zu schnell oder zu langsam, niemals keuchend oder stoßweise.

41 Seid euch beim Ausatmen bewußt, daß ihr ausatmet, und beim Einatmen bewußt, daß ihr einatmet. Konzentriert euer Bewußtsein auf euer Atmen, laßt euer Bewußtsein nicht auf- und ab- oder hinaus- und hineingehen, denkt nicht diskursiv, interpretiert nicht intellektuell oder emotional, versucht nicht, über irgend etwas nachzudenken: Seid euch nur des ausströmenden und einströmenden Atems bewußt und laßt keinen einzigen Atemzug unbewußt erfolgen.

42 Wenn diese Konzentration zum Dauerzustand wird, werden die physischen Elemente des Körpers gut koordiniert und die inneren Organe gereinigt. Der Oberkörper wird klar und kühl, der Unterleib warm. Körper und Seele sind spontan von großer Freude erfüllt.

43 Bewahrt ihr aufgeschlossene, schweigende, strahlende Achtsamkeit, ob tätig oder untätig, ob sitzend oder liegend, so wird unweigerlich eine felsenfeste Entschlossenheit entstehen. Macht ihr aber dabei auch nur die feinste bewußte Unterscheidung und seid von irgendwelchen Gedanken an Frieden, Seligkeit oder Wesensschau erfüllt, werdet ihr niemals imstande sein, Geburt und Tod zu entrinnen, nicht einmal in hundert Äonen und tausend Leben.

44 Besitzt ihr einen festgegründeten Glauben und dynamisiert eure Konzentration, bis der Große Tod erfolgt, so werdet ihr plötzlich bemerken, daß »dem Eimer der Boden ausfällt« und daß ihr »die alchemische Esse umstoßt«. In einem Augenblick laßt ihr Myriaden Äonen hinter euch und zertretet das Weltall mit einem Schritt unter euren Füßen. Kann dann noch ein Zweifel oder eine Frage über den Ausspruch des indischen Zen-Meisters Prajñātāra bestehen: »Beim Ausatmen werde ich nicht in die Gegenstände hineingezogen, beim Einatmen verweile ich nicht bei psychischen und physischen Elementen«?

45 Am Anfang, wenn ihr noch unerfahren seid, geht euer Atem vielleicht stockend, stoßweise und unregelmäßig. Wiegt dann euren Körper vor und zurück, nach links und nach rechts, um

eurem Geist neue Frische zu geben. Stoßt die verbrauchte Energie aus der Gegend unterhalb des Nabels aus, in ein bis drei Atemzügen, wobei der Atem durch die Nase ausströmt, und sorgt dabei dafür, daß er nicht mehr rauh, sondern glatt geht. Laßt ihn dann sehr sanft aus- und einströmen.

Fallt ihr Schläfrigkeit oder Ablenkung zum Opfer, dann zählt eure Atemzüge von eins bis zehn, hört bei zehn auf und fangt dann wieder an, von eins bis zehn. Beobachtet, auf diese Weise immer von neuem bis zehn zählend, eurer Ausatmen mit genauester Bewußtheit. Auch Techniken wie die Visualisierung einer Auflösung der physischen Elemente oder die Vorstellung, daß Knochen und Fleisch zu ihren Ursprüngen zurückkehren, und ähnliche überlieferte Übungen sind wirksam. 46

Das Geheimnis der inneren Schau und der Ernährung des Lebens sowie der wunderbaren Kunst der Unsterblichen, das Elixier herzustellen, beruht ebenfalls auf den im Buddhismus gelehrten Methoden der Atemkoordination. Verlegt ihr euch mit ganzem Herzen darauf, so ist die Meditation im Sitzen tatsächlich ein Weg zu gegenwärtigem und zukünftigem Frieden und zu Glückseligkeit. 47

In einem Lehrbuch der Unsterblichkeit heißt es: »Entscheidend für die Ernährung des Lebens ist die Arbeit am Körper. Der feinste Aspekt der Arbeit am Körper besteht im Festwerden des Geistes. Wenn der Geist fest wird, sammelt sich Energie. Wenn sich Energie sammelt, entwickelt sich das Elixier. Wenn sich das Elixier entwickelt, wird der Körper fest. Wenn der Körper fest ist, ist der Geist ganz.« 48

Es liegt auf der Hand, daß das Elixier der Unsterblichkeit nichts Materielles ist. Die Stelle vier Zentimeter unter dem Nabel wird »Energiemeer« genannt. Es ist die Stelle, wo die Grundenergie gespeichert und genährt wird. Der Bereich darunter heißt »Elixierfeld«. Es ist der Ort, wo sich Vitalität und Geist mischen. Wenn dieser Ort fortwährend mit spiritueller Energie aufgefüllt wird, bleibt ihr frei von Krankheit, seid kerngesund und habt ein langes Leben, ohne zu altern. Aus diesem Grund überbeanspruchen Menschen, die die Verwirklichung 49 erreicht haben, ihre Vitalität nicht und forcieren ihren Geist nicht.

50   Die Kunst der Ernährung des Lebens ist wie die Regierung eines Staates. Der Geist entspricht dem Herrscher, die Vitalität der Verwaltung, die Energie dem Volk. Für das Volk zu sorgen ist der Weg, Frieden im Staat zu bewahren. Eure Energie zu schonen ist der Weg, euren Körper gesund zu erhalten. Ist die Energie aufgebraucht, stirbt der Körper. Wird das Volk falsch behandelt, verdirbt das Land.

51   Ein erleuchteter Führer kümmert sich um seine Untertanen. Ein unwissender Herrscher behandelt seine Untertanen mit Willkür. Wenn Herrscher willkürlich handeln, demonstrieren die Minister ihre Macht, kümmern sich nur um Gunst und Gewähren des Herrschers und achten nicht mehr auf die verzweifelte Lage des Volkes drunten. Gierige Minister rauben das Volk aus, rücksichtslose Beamte betrügen und stehlen. Die Treuen und Redlichen ziehen sich in die Verborgenheit zurück, und das einfache Volk wird bitter.

52   Wenn den Herrschenden dagegen das Wohl ihrer Untertanen am Herzen liegt, sind Steuern und Abgaben mäßig und verhältnismäßig, Lohn und Strafe nicht willkürlich, Gesetze und Verwaltungsmaßnahmen sind gerecht, Verbrauch und Sparsamkeit entsprechen der Jahreszeit, der Boden ist fruchtbar, das Land ist stark, es wird im Überfluß produziert, und die Felder sind fruchtbar. Es gibt kein Ödland, und niemand im Volk hungert.

53   Beim menschlichen Körper ist es das gleiche. Wenn das Elixierfeld immer mit Vitalität und Energie gefüllt ist, entstehen im Innern keine Probleme, und äußere Übel können nicht eindringen Die Sechs Räuber fliehen, die Vier Dämonen verstecken sich. Sehnen und Knochen sind stark, die Blutzirkulation ist gut, der Herzschlag geht ruhig, und der Geist ist kräftig.

54   Wenn euch die Konzentration der wachen Bewußtheit verlorengeht, sei es durch ablenkende Gegenstände oder durch den Reiz zufälliger Assoziationen, entstehen Bezauberungen in Hülle und Fülle, und Folgen früherer Handlungen sammeln sich im Bewußtsein und machen euch zu schaffen. Unsittlich-

keit, Zügellosigkeit, falsche Auffassungen und Einbildungen nehmen zu, selbst bis zu dem Grad, daß der Same der Buddhaschaft zerstört wird.

Es ist sehr bedauerlich, daß die Menschen alle mit Weisheit 55 und Tugend begabt sind und das Juwel der Wunscherfüllung vollständig besitzen, sich aber doch selbst immer kleiner und ärmer machen. Viele von ihnen sagen, sie hätten zu geringe Möglichkeiten oder sie seien zu krank oder ihr vergangenes Leben hindere sie, oder die Umstände seien übermächtig, oder es gebe keine Lehrer, oder die Lehre sei degeneriert, oder sie seien selbständig und hätten zuviel zu tun, oder sie seien Hausväter.

Zu ihrer Entschuldigung führen sie auch immer an, sie hät- 56 ten Eltern oder Kinder, andere seien von ihnen abhängig, sie müßten für ihre Familien sorgen, sie hätten gesellschaftliche Verpflichtungen, sie seien unrein, sie hätten zu viele Sorgen, morgen würden sie anfangen, nächstes Jahr würden sie anfangen, im nächsten Leben würden sie anfangen. In Wirklichkeit sind sie aber, lax und passiv, selbst die Ursache für ihre Trägheit und Gleichgültigkeit und entwickeln nicht die zur Zen-Praxis erforderliche Entschlossenheit. Sie fragen nicht und konzentrieren sich nicht. Sie erforschen das Zen nicht und studieren den Weg nicht.

Sie betrachten die Drei Gifte und die Fünf Verlangen als ih- 57 nen von Natur aus innewohnend und suchen Prestige und Profit gewohnheitsmäßig durch Schmeichelei und auf krummen Wegen. Und so vergeuden sie nicht nur ihr doch unwiederbringliches Leben, sondern fügen ihren schlechten Gewohnheiten aus der anfanglosen Vergangenheit auch noch neue hinzu und leiden unter allerlei Problemen und Schmerzen bis in unabsehbare Zukunft.

Das ist höchst bedauerlich, ja schrecklich. Sie haben das 58 Glück gehabt, als Menschen geboren zu werden und den Lehren der Erleuchtung zu begegnen, verstehen aber das Auf und Ab ihres Bewußtseins nicht und wissen nicht, wo ihre Körper einmal enden werden. Sie geben den ihnen angeborenen Reichtum und Adel preis, vergraben das ihnen innewohnende Licht und wissen nicht einmal, daß die Buddhanatur existiert.

59   Es ist sehr traurig, daß die wahre Lehre so degeneriert und die Kenntnis des Volkes so armselig ist. Menschen, die den Weg finden, gibt es nur wenige, und wirkliche Lehrer sind rar. Die Motive der heutigen Schüler sind von Anfang an falsch, und im Verlauf ihres Schülertums geraten viele auf Abwege.

60   Sogar Menschen, von denen man annehmen sollte, daß sie über größere Möglichkeiten und felsenfeste Entschlossenheit verfügen, von jenen gar nicht zu reden, die nur durchschnittliches oder geringeres Potential besitzen, sind nicht selten durch Ehrgeiz und Besitzstreben motiviert und lassen sich vom Stolz leiten. Ohne Unterscheidungsvermögen, ob Lehrer und Mitschüler sich richtig oder falsch verhalten, bestehen sie darauf, nach Erleuchtung und wunderbaren Erfahrungen zu streben. Ohne die Fixierungen auf ihren Körper und ihr Denken loszulassen, suchen sie nur Ehre und Ruhm.

61   Zwar sieht es manchmal so aus, als verfügten solche Menschen über intensive Energie, aber wenn sie dann mit konkreten Ereignissen konfrontiert werden, weichen sie zurück, und ihr Eifer erlahmt. Werden sie äußeren Umständen gegenübergestellt, unterbrechen sie ihre Konzentration. Diese hält also nicht an, und das Große Wunder ereignet sich niemals.

62   Welche Zeitvergeudung! Sie werden damit enden, daß sie in einer Geisterhöhle in einem Berg der Finsternis sterben, weil sie schließlich doch nur nihilistische Auffassungen entwickelt haben. Oder sie bleiben auf das strahlende Licht geistiger Achtsamkeit fixiert und machen sich Vorstellungen von Buddha, von Dharma und der Ewigkeit. Manche nehmen sogar die sprirituelle Strahlung, wach, doch schweigend, wahr, verwechseln sie aber mit der So-heit, mit dem Wesen der Dinge.

63   Auch wenn Menschen dieser Art auf Lehrer mit klarblickenden Augen treffen, lassen sie ihre eigenen Auffassungen nicht los, um den Weg wirklich kennenzulernen. Und auch wenn sie die Koans der alten Zen-Lehrer studieren, kommen sie ihnen nicht mit voller Konzentration zu Bewußtsein. Stoßen sie

auf undurchdringliche, unerforschliche Zen-Probleme, so interpretieren sie sie willkürlich mittels Rationalisierungen und intellektueller Analysen und glauben, so zur Freiheit durchdringen zu können.

Auch jene, die als Zen-Lehrer gelten, haben ihre Denkgewohnheiten nicht abgestellt und sind nicht zur Intention und zum Ausdruck des Zen vorgedrungen. Sie verdienen sich ihren Lebensunterhalt mit Halluzinationen und veränderten Bewußtseinszuständen und verstoßen, ohne Furcht vor den Folgen, gegen die Verhaltensregeln. Sie vernachlässigen die Einheit der Arbeit auf dem Weg, die unter anderem darin besteht, daß man die Schriften liest, sich vor den Buddhas niederwirft und einfach sitzt. Sie lehnen den Prozeß der Verfeinerung und Entwicklung ab, zu dem auch Fegen, Wasserholen, Feuerholz sammeln und Essenszubereitung gehören. So sind die Zen-Klöster zu einer Art Gemischtwarenläden an den Kreuzungen verkommen. Sie pflegen Dichtung und Gesang, Prosa und Vers, Kalligraphie und Malerei, Mathematik, Siegel, Tee, Weihrauch, Medizin, Wahrsagerei und alle möglichen anderen Künste. Sie treiben Handel und Gewerbe, wann immer sich Gelegenheit dazu bietet oder Bedarf ergibt. Kann man das als Weg bezeichnen, sich um des Volkes willen mit der Menge zu befassen? So etwas kann doch kaum als Wille zum Zen-Studium bezeichnet werden! 64

Selbst wenn ihr intelligent, mit magischen Fähigkeiten ausgestattet, beredt und gebildet seid, alle Grundsätze geprüft, alle Systeme verstanden und alle Lehren erhellt habt, selbst wenn ihr geistiges Licht ausstrahlen und die Atmosphäre verwandeln, Geister und wilde Tiere zähmen und im Sitzen oder Stehen sterben könnt, selbst wenn ihr tugendhaft genug seid, um Lehrer von Königen und Fürsten zu sein, ja sogar als inkarnierte Buddhas bezeichnet werdet, so verdient ihr, falls ihr Reichtum, Sinnlichkeit, Ruhm und Gewinn nicht verachtet, doch kaum den Namen eines Menschen, der die Kontinuität der wahren Bewußtheit besitzt. 65

Es ist traurig, aber wahr, daß sowohl Geistliche als auch Laien in ihrem Interesse am Weg zu oberflächlich sind. Men- 66 schen, denen Name und Gewinn gleichgültig sind, sind wirklich selten. Deshalb ist es in unseren Lehranstalten üblich geworden, Gespräche über Zen durchzuführen und Vorlesungen über Klassiker abzuhalten, weil man glaubt, große Zuhörermengen und viele Schenkungen seien der Beweis für einen guten inneren Zustand, weil man Wissen und Begabung für Weisheit hält und Ehrgeiz und Machtstreben als Tugenden bezeichnet.

67   Doch was wird euch all dies auf der Grenzscheide zwischen Leben und Tod, am allerletzten Tag, nützen? Und wenn ihr eines Tages krank werdet, werden sich um so mehr falsche Gedanken einstellen, das Feuer im Herzen wird wieder aufflammen, und ihr werdet Qual und Pein leiden müssen. Wenn ihr dann den letzten Atemzug tut, der König der Unterwelt euch mit zornigen Augen anstarrt und euch mit eiserner Rute in der Hand peinlich befragt: Was könnte furchtbarer sein?

68   Fassen wir einmal die Welt näher ins Auge, so entdecken wir, daß mehr Menschen durch falsche Gedanken als durch Krankheiten des Körpers umkommen. Falsche Gedanken sind mehr zu fürchten als Giftschlangen.

69   Wenn ihr euch daher von falschen Gedanken befreit, so wird euch die Krankheit zum Lehrer. Seit den ältesten Zeiten hat eine große Zahl von Menschen Macht erlangt und die Wesensnatur geschaut, obwohl sie mit schweren Leiden zu kämpfen hatten.

70   Wenn ihr schwerkrank werdet, fürchtet weder den Tod, noch blickt aufs Leben zurück. Legt den Panzer der Geduld an, ergreift Pfeil und Bogen des Glaubens und der Gerechtigkeit, besteigt das Pferd der Tapferkeit, nehmt die Peitsche des Eifers zur Hand, pflanzt die Fahne des Weges der Einheit auf, macht Selbstlosigkeit und Wunschlosigkeit zu euren Soldaten, ernennt ununterbrochene Konzentration der wahren Bewußtheit zu eurem General, befestigt die Burg des Königs »Bewußtsein« im Energiemeer und Elixierfeld, speichert den Proviant des Elixiers der Fünf Energien und verwirklicht die Strategie der Freiheit von Denken und Vorstellung.

Tut all dies, und ihr werdet, selbst wenn vierhundertvier 71
Schlachtlinien der Krankheit, unterstützt von vierundachtzigtausend Soldaten der Verwirrung, auf einmal gegen euch
vorrücken und euch in jedem Winkel des Bewußtseins, des
Gefühls und der Empfindung angreifen, trotz alledem furcht-
los ausharren. Und wenn sich all diese Feinde schließlich der
Güte und Gnade des Königs »Bewußtsein« unterwerfen, vor
der Macht des Generals kapitulieren und, von der Tapferkeit
eurer Truppen eingeschüchtert, ihre Waffen niederlegen und
aufgeben, habt ihr keine Gegner in allen Zehn Richtungen
mehr und kein Übel mehr im ganzen Körper. Sind Richtig
und Falsch eine einzige So-heit, werden alle Bewohner der
vier Meere das Lied des großen Friedens singen, und ihr werdet Trost und Glück in dieser Welt und in der künftigen erlangen.

Ein chinesischer Zen-Meister früherer Tage litt einmal an 72
Durchfall. Schon am Abgrund des Todes stehend, kämpfte er
doch unbeugsam gegen Schmerz und Elend und führte Meditation im Sitzen durch. Nach einer Weile grollte sein Bauch
laut und vernehmlich, er wurde von Krämpfen geschüttelt,
woraufhin eine Besserung eintrat und er ein großes Erwachen
erlebte.

Ein mir bekannter Mönch litt einmal an so schwerer Grippe, 73
daß er acht Tage lang nichts essen konnte und das Fieber seine
Zunge schwarz färbte. Tag und Nacht hatte er entsetzliche
Schmerzen. Da tadelte ihn sein Lehrer streng, woraufhin ihn
bittere Reue erfaßte, daß er immer noch unerleuchtet war. Er
erkannte, sich in einem Irrtum befunden zu haben, und legte
ein feierliches Gelübde ab. Jetzt oder nie, sagte er sich, rollte
seine Schlafmatte auf und setzte sich tapfer darauf, um sich in
Zen-Meditation zu konzentrieren. Und plötzlich verschwan-
den Elend und Fieber. Klar und kühl innen und außen, Körper
und Seele im Zustand erhabenster Freude, verwirklichte er die
fundamentale Ungreifbarkeit.

Ich selbst habe eine ähnliche Erfahrung gemacht. Als ich 74
achtundzwanzig war, war ich einmal in einen heftigen Streit
verwickelt und wurde vergiftet. Mein ganzer Körper brannte

vor Schmerz, und zeitweise färbten sich Arme, Beine und Rumpf rötlich-schwarz. Ich litt unbeschreiblich.

75   Da wurde ich plötzlich von tiefster Reue ergriffen. Da war ich also, hatte die erste Motivation zum Weg mit siebzehn erlebt, hatte echte Lehrer aufgesucht und war in Zen-Gemeinschaften eingetreten, hatte Zen studiert und an dem Weg gearbeitet, im Wasser gestanden und im Schnee gesessen, mich nicht zur Ruhe niedergelegt, bei Tag und bei Nacht niemals die Suche vergessen, und das zehn Jahre lang. Dann hatte ich eine Wintereinkehr in einem Kloster gehalten, war von einem Lehrer geführt worden und hatte gedacht, ich sei durch Leben und Tod gegangen und hätte mein Selbst ausgegossen. Aber jetzt, während ich von diesem Gift gequält wurde, erkannte ich, daß ich keineswegs frei war. Daher gab ich mir einen gewaltigen Ruck, setzte mich auf und bekämpfte den heftigen Schmerz.

76   Zu diesem Zeitpunkt hatte es noch nicht zur ersten Nachtwache geläutet. Ich stimmte meinen Atem auf die wahre Bewußtheit ab und trat in die Visualisierung der Auflösung der physischen Elemente ein. Da verschwand plötzlich mein Atem, und eine echte Schau ereignete sich. Inhalt und Form waren vergessen, und die wahre Bewußtheit hielt ununterbrochen an.

77   Kurz darauf erklang eine Glocke und hallte im Raum wider. Als ich meinen Körper und das Äußere anderer Menschen betrachtete, war es alles wie eine ungebrochene Ausdehnung des leeren Raums. Da erst verstand ich richtig, was mir immer vom ursprünglichen Körper gepredigt worden war.

78   Als ich mich dann wieder aufrichtete und meine Glieder streckte, fühlten sie sich außergewöhnlich leicht und sauber an. Die Schmerzen, die ich bis dahin empfunden hatte, hatten sich verflüchtigt wie der Traum der letzten Nacht, und auch meine Hautfarbe wurde wieder normal. Körperlich und seelisch erfrischt, erhob ich mich ruhig von meinem Sitz und ging ins Freie. Nach Osten blickend sah ich, saß es schon dämmerte.

79   Nach einer Weile mußte ich mich übergeben, und gleich-

zeitig befiel mich der heftigste Durchfall. Es war, als wollten sich meine Eingeweide auflösen und als wäre ich nur noch Fleisch und Knochen. Lebendig begegnete ich dem Tod und fand das Leben im Tod, als hätte sich das Gift in ein Lebenselixier verwandelt. Zum ersten Mal löste ich mich vom dualistischen Denken in Haß und Liebe und erlangte die Erkenntnisse der Gleichheit von Feind und Freund.

Ähnliche Fälle gab es auch in alter Zeit, als zum Beispiel der 80 Bodhisattva namens »Kühner Geber«, der gegen eine Vorschrift verstieß, in der darauf folgenden Gewissensqual ein großes Gelübde ablegte und plötzlich das Akzeptieren der Anfanglosigkeit realisierte. Es hat auch Menschen gegeben, die, von Tausenden von Moskitos gestochen, sich mit dem grausamsten Juckreiz herumschlagen mußten und trotzdem Erleuchtung erlangten. Ebenso gab es Menschen, die das Erwachen erlangten, während ihnen ein Glied nach dem andern aus dem Leib gerissen oder Haut und Fleisch verbrannt und durchbohrt wurden.

Der Große Meister Yunmen erlangte ein großes Erwachen, 81 als er sich das Bein brach. Ninagawa Shinuemon verwirklichte das Erwachen während eines Streites. Der Shōgun Takauji erlangte inneren Frieden in vorderster Linie auf dem Schlachtfeld.

In diesem Zusammenhang bedeutet Kämpfen, nichts zu 82 fürchten, sich in nichts hineinziehen zu lassen und nur die Konzentration wahrer Bewußtheit aufrechtzuerhalten. Wenn ihr euch nur ganz dem Weg hingebt, werden sich Schmerz und Irrtum in Geist verwandeln und zum Werk der Einheit auf dem Weg werden.

Verliert ihr dagegen die Konzentration der rechten Bewußt- 83 heit, so werdet ihr nicht nur in diesem Leben körperlich und seelisch von falschen Gedanken und üblen Stimmungen geplagt, sondern auch weiterhin im ewigen Kreislauf von Geburt und Tod verbleiben und großen Schmerz erleiden. So ist es zahllosen Menschen in Vergangenheit und Gegenwart ergangen, Mönchen wie Laien.

Wenn also Herrschern die Konzentration der wahren Be- 84

wußtheit fehlt, vermögen sie ihren Völkern weder Frieden noch Sicherheit zu bringen. Wenn Verwaltern die Konzentration der wahren Bewußtheit fehlt, vermögen sie nicht treu und gerecht zu sein, und wenn dem gewöhnlichen Volk die Konzentration der wahren Bewußtheit fehlt, vermag es seine gesellschaftlichen Pflichten nicht zu erfüllen.

85   Auf diesem Grund wiederhole ich noch einmal: Gründet euren Glauben fest und sicher, macht aus allem, was ihr tut, ein einziges Koan und führt die Konzentration der rechten Bewußtheit ohne Unterbrechung durch.

86   Intensives Zen erfordert Stärke des Geistes und Intensität der Konzentration. Entwürdigt euch nicht selbst, werdet nicht schwach, setzt euch nicht selbst herab. Die Buddhas und die Zen-Meister waren *so* und wir sind ebenfalls *so*. Wer waren die alten Könige, und wer sind wir? Weise besitzen waagrechte Augen und senkrechte Nasen. Auch wir besitzen waagrechte Augen und senkrechte Nasen. Wir atmen selbst aus und ein und leihen uns unsere Nase von niemand anderem. Wir gehen vorwärts, wir gehen rückwärts und benutzen dabei keine fremden Beine. Stets seine Entschlossenheit, über die Buddhas und Meister hinauszugelangen, aufrechtzuerhalten und in den Wurzelursprung des eigenen Selbst einzudringen: das nenne ich »starken Willen«.

87   Es geht hier nicht darum, ob ihr Bettelmönche oder Laien seid. Es spielt keine Rolle, ob ihr Männer oder Frauen seid. Es macht keinen Unterschied, ob ihr klug oder dumm, ob ihr mehr oder minder intelligent seid. Es spielt keine Rolle, ob ihr vielbeschäftigt seid oder Muße habt. Alle, die das große Versprechen ablegen und die große Verpflichtung auf sich nehmen, die von großem Glauben erfüllt sind und das Große Wunder hervorrufen wollen, sie alle verfehlen nicht, die Wesensnatur wahrzunehmen, zum Weg zu erwachen und Haut und Fleisch der Buddhas und Zen-Meister zu erlangen.

88   Es hat auch viele Frauen gegeben, deren Willenskraft die großer Männer weit überstieg, Frauen, die die Zen-Praxis übten und die von den Buddhas und Zen-Meistern gesteckten

Grenzen des inneren Potentials noch überschritten. Hunderte, ja Tausende erleuchteter Herrscher, weiser Geistlicher, Laien-Männer und Laien-Frauen in Indien, China und Japan haben die Wesensnatur erblickt und Wahrheit verwirklicht.

Wenn ihr euch nicht in diesem Leben befreit – auf welches 89 Leben wollt ihr dann warten? Sobald dieser Tag verstrichen ist, ist wieder ein Stück Leben vorbei. Beobachtet bei jedem vorüberziehenden Gedanken die Vergänglichkeit der irdischen Erscheinungen und hört auf zu denken: »Es gibt ja noch ein Morgen!« Mit jedem Schritt wandelt auf dem Großen Pfad der inneren Quelle und schlagt keine anderen Wege ein.

Löst den Griff eurer Hände und Füße, als ließet ihr euch von 90 einer steilen Felswand fallen. Wenn dadurch Körper und Seele urplötzlich »gestorben« sind, so ist das ein Zustand, wie wenn man mitten im Weltall stünde, wie wenn man im Mittelpunkt einer Kristallvase säße. In einem einzigen Augenblick stellt sich der Zustand ein, der nicht profan und nicht heilig ist, nicht Buddha, nicht Bewußtsein, nicht irgendein Ding. Ihr gelangt zu der tiefen Einsicht, daß Bewußtsein, Buddha und Lebewesen eins sind. Das ist der Wirklichkeitskörper aller Buddhas, das allen Menschen innewohnende Wesen. Indem man dies verwirklicht, wird man Buddha oder Zen-Meister. Indem man es verfehlt, wird man zum gewöhnlichen Sterblichen.

Die Menschen können klug oder dumm sein. Praxis und 91 Verwirklichung können stufenweise oder plötzlich sein – das Geheimnis, das ich hier offenbart habe, ist die Lehre, wie man Buddhaschaft durch plötzliche Erleuchtung erlangt. Es ist eine allgemeine Regel, nach der höhere, mittlere und geringere Fähigkeiten ein und dasselbe sind. Es hat nicht das geringste mit der stufenweisen Praxis und dem Lernen im Sinne der Zwei Fahrzeuge der individuellen Befreiung zu tun.

Zu denken, die Buddhanatur sei der Zustand, wo das Be- 92 wußtsein leer ist und die Gegenstände schweigen, wo es strahlende Achtsamkeit gibt, ohne daß irgendein Gedanke aufsteigt, bedeutet, das bewußte Mentale für das ursprüngliche menschliche Selbst zu halten. Das wäre so, als hielte man einen Dieb für den eigenen Sohn, einen Ziegelstein für einen

Spiegel, Messing für pures Gold. Das ist die fundamentale Unwissenheit, die Geburt und Tod bedingt. Es ist, als wäre man
ein noch atmender Leichnam. Ihr könnt nicht selbst euer strahlendes Licht freisetzen, das Selbst im Inneren erleuchten und
es durch Berge, Flüsse und Erde hindurchscheinen lassen.

93   Selbst wenn das große Erwachen verwirklicht und der Körper der Wirklichkeit klar begriffen wird – wenn ihr dabei durch
Praxis und Erlangen verunreinigt werdet, offenbart sich der
Buddhaweg nicht. Denn wißt: Dort befindet sich dasjenige,
was noch jenseits des Jenseits liegt.

94   Was das Zen der wirklich lebendigen Vorbilder betrifft, so
brechen sie, selbst wenn ein klarer Spiegel auf ein Podest ge-
stellt wird, noch mitten hindurch. Und wenn sich eine kost-
bare Perle in ihrer Hand befindet, zerdrücken sie sie sofort. Ein
Mörser fliegt durch den Raum, die östlichen Berge wandeln
auf dem Wasser. Habt ihr das Glück, zu wissen, daß alle Lebewesen die Buddhanatur besitzen und daß sich gerade an der
Stelle, wo ihr steht, schon eine Sache von höchster Bedeutung
befindet, so fragt ununterbrochen, vierundzwanzig Stunden
am Tag, in Erkenntnis und Tat: Was ist es, das da geht? Was
ist es, das da sitzt? Was ist es, das da handelt? Was ist der
Geist?

95   Wenn ihr auf diese Weise mutig und kraftvoll vorwärts-
schreitet und drei bis fünf Jahre lang aus tiefstem Herzen fragt
und forscht, ohne nachzulassen, wird sich unweigerlich das
Große Wunder zeigen, und ihr werdet unbedingt erwachen.

96   Doch selbst wenn ihr ein durchdringendes, großes Erwachen erlangt, wißt, daß das weite Meer des Buddhismus immer tiefer wird, je weiter ihr euch hineinbegebt. Wenn ihr
glaubt, es gäbe keine Erleuchtung, die erlangt, und keine Gemeinschaft von Lebewesen, die befreit werden müßte, wenn
ihr glaubt, die Schriften des Kanons seien nur Toilettenpapier
und die siebzehnhundert Koans wertlos, so seid ihr jedenfalls
nicht wirklich frei und leicht geworden. Eure Wahrnehmung
ist nicht befreit. Ihr habt die Zen-Grenze noch nicht durchbro-
chen, und das betrügerische Denken ist noch nicht gestorben.
Wenn ihr euch in dieser Verfassung nicht von allem Stolz und

aller Einbildung freimacht und euch umgehend eures Irrtums bewußt werdet, werdet ihr in die tiefe Grube der Zwei Fahrzeuge fallen und euch vom Leben der Weisheit der Buddhas und Zen-Gründer abschneiden.

Das Embryo der Weisheit zu nähren und die Praxis nach 97 dem Erwachen zu üben, ist wirklich nicht einfach. Ein Alter sagte einmal: »Wenn euer inneres Potential nicht jede feste Fixierung aufgibt, fällt es in einen Ozean voller Gift.« Es ist ganz entscheidend zu wissen, daß auch auf dem Gipfel der Verwirklichung geübt und daß der Weg des lebendigen Zen in verborgener Praxis und geheimer Anwendung bewahrt werden muß.

Macht nicht den Fehler, die Vorstellung zu hegen, ihr hättet 98 schon etwas erreicht, damit ihr kein hungriger Geist werdet, der ewig über seinem Schatz wacht, oder einer, der inmitten des größten Reichtums verhungert. Und selbst wenn ihr ein Buddhaland offen seht und das Reich des Buddha wahrnehmt – ihr seht nur einmal, nicht zweimal.

Ich hoffe, ihr werdet nicht aufhören, euch zu konzentrieren 99 und loszulassen, beim Ausatmen und beim Einatmen, alle Lücken aus dem Strom des Bewußtseins zu entfernen, die Knochen und das Mark der Buddhas und Zen-Gründer fortzusetzen, die reine Lehre wie ein süßes Elixier zum Wohl und zur Rettung aller Lebewesen weiterzugeben und euch so des tiefen, weithin strahlenden Segens, den ihr erhalten habt, dankbar erweisen.

Anmerkungen

Abhandlung über das Höchste Fahrzeug

3   Die *Zehn-Stufen-Schrift* ist einer der grundlegenden Texte der
Ekayana (»Ein Fahrzeug« oder Einheits)-Schule des Buddhis-
mus. Sie enthält die Keime aller buddhistischen Lehren. Die
Lehre der Zehn Stufen gilt als das Einmaleins des Buddhismus.
Siehe die *Blumenschmuck-Schrift* (Boston: Shambhala Publi-
cations 1984–87), Buch 26.

4   Die Schrift *Die Aussprüche Vimalakīrtis* ist ein wichtiger,
sehr beliebter Text, der die Anfangsgründe der universellen
Lehren des Buddhas beschreibt. Die erwähnte Einheitsschule
ist sowohl seine Quelle als auch sein Gipfel. Nach der Schrift
war Vimalakīrti ein Hausvater-Buddha, der zur »Zeit« des
Shākyamuni Gautama Buddha lebte.

Wahres So-Sein bezieht sich auf den wirklichen Charakter
der Dinge, unabhängig von unseren subjektiven Beschreibungen und Interpretationen dessen, was wir wahrnehmen.

5   *Geburtlosigkeit* – Dieser Ausdruck bezieht sich auf die Ungreifbarkeit des letzten Ursprungs, die erfahrungsgemäße Verwirklichung dessen, was spontan jede mentale Fixierung auf
Erscheinungen beseitigt. Diese Textstelle ermöglicht, sich das
subjektive Gegenstück zur objektiven Realität zu vergegen-
wärtigen.

6   Die *Diamantschneider-Schrift* ist einer der beliebtesten
buddhistischen Texte. Sie gehört zum Prajñāpāramitā (Transzendente Einsicht)-Korpus von Schriften, die sinnvolles Handeln ohne Bindung an die Erscheinungen empfehlen.

10 »*Selbst wenn ihr alle gute Taten vollbringt*« – Diese Passage
bezieht sich auf die Ekayana-Lehren der *Wahrheitslotos-
Schrift*, in der es heißt, daß alle, die auch nur die kleinste gute
Tat verrichtet haben, und sei es auch nur eine geistesabwe-

send aufs Papier geworfene Zeichnung des Buddha, schon die Buddhaschaft erlangt haben. Das mag oberflächlich erscheinen, ist aber Ausdruck einer der weitesten und tiefsten buddhistischen Lehren, nämlich, daß die universelle Buddhanatur allen Lebewesen inhärent ist.

Die *Nirwana-Schrift* ist eine umfangreiche Sammlung von   11
Lehren, die ausgesprochen und gesammelt worden sein sollen, als Shākyamuni Gautama Buddha ins *mahāparinirvāna*, die letzte Auslöschung, hinüberglitt.

»*Der Buddha predigt nichts*« bedeutet, daß buddhistische Lehren anwendbare Techniken, keine festen Dogmen sind: Es sind Erzeugnisse der Erleuchtung, bestimmt, zum Erwachen zu führen. Sie sind nicht selbst Erleuchtung oder Erwachen. Diese Unterscheidung ist für die praktische Anwendung des Buddhismus entscheidend.

Diese Symbole in der *Wahrheitslotos-Schrift* stellen die al-   14
len Wesen innewohnende universelle Buddhanatur dar, durch die die fundamentale Erleuchtung allen bewußten Geschöpfen, die sich dieser erhabenen Natur bewußt werden, zugänglich wird.

»*Wie herrlich*«, daß wir »*gewöhnlichen Sterblichen*« ein   16
solches inneres Potential besitzen. »*Wie erbärmlich*«, daß wir es normalerweise nicht anwenden.

Die *Schrift über die Visualisierung des unendlichen Lebens*   17
ist einer der drei grundlegenden Texte des chinesischen Buddhismus des Reinen Landes. Sie enthält sehr ausführliche Visualisierungs- und Meditationsreihen zur Beherrschung des Bewußtseins, doch der springende Punkt der Schrift ist, daß, »wenn du Buddha siehst, siehst du Bewußtsein, denn Bewußtsein ist Buddha, Bewußtsein schafft Buddha«.

Vierundachtzigtausend Lehren – Die buddhistischen Lehren   20
sind so zahlreich und verschiedenartig, daß man sie üblicherweise mit der Zahl Vierundachtzigtausend, aber auch noch größeren Zahlen bis Unendlich assoziiert. Diese Zahlen sind außerdem Symbole für die Vielzahl psychischer Bedrängnisse, Komplikationen und Verwirrungen, die durch den Buddhismus geheilt werden sollen.

Drei Fahrzeuge – Es handelt sich bei ihnen um verschiedene Ebenen buddhistischer Erkenntnisprinzipien und Handlungsweisen. Sie umfassen sowohl die individuelle Befreiung als auch das kollektive Heil.

Achtfacher Pfad – Eine der Grundformeln der buddhistischen Praxis: rechte Wahrnehmung, rechtes Denken, rechtes Reden, rechtes Handeln, rechtes Leben, rechte Bemühung, rechte Sammlung und rechte Konzentration.

27   Handeln in Unwissenheit mag gut gemeint sein, ist aber seinem Wesen nach begrenzt,

32   In Kapitel 5 der *Nirwana-Schrift* über den unzerstörbaren Körper heißt es: »Der Körper dessen, der So-Sein verwirklicht hat, ist unveränderlich fest und unzerstörbar. Es ist kein menschlicher oder göttlicher Körper, kein unzuverlässiger Körper, kein mit materiellen Speisen ernährter Körper.« Im Folgenden negiert der Text alle denkbaren Beschreibungen der Eigenschaften des Körpers der Verwirklichung.

In Kapitel 12 der Schrift *Aussprüche Vimalakīrtis* über die Schau des unbeweglichen Buddha (Akshobhya) heißt es: »Sieh den Buddha, wie du das Wesen deines eigenen Selbst siehst. Ich sehe, daß der Buddha nicht aus der Vergangenheit kommt oder in die Zukunft geht oder sich in der Gegenwart aufhält.« Dieser Text fährt dann fort und verwirft alle möglichen Vorstellungen und Begriffe über den Buddha, um den Leser zur unabhängigen Wahrnehmung des Bewußtseins-Buddhas oder Buddha-Bewußtseins zu führen.

33   Die *Vier Stützen* sind klassische Prinzipien zum Verständnis buddhistischer Schriften. In der *Nirwana-Schrift* werden sie aufgezählt:

1. Stütze dich aufs Prinzip, nicht aufs Persönliche.
2. Stütze dich auf den Sinn, nicht auf den Buchstaben.
3. Stütze dich auf objektives Wissen, nicht auf subjektives Bewußtsein.
4. Stütze dich auf vollständige Lehren, nicht auf unvollständige Lehren.

34   Der große Chan-Meister Linji sagte, daß Menschen, die Mönche oder Nonnen werden, sich dann aber emotional an

ihren Status binden, nur »ein Heim verlassen haben, um dann in ein anderes einzuziehen«.

Modelle für eine Meditation im Sitzen

Es sei hier noch einmal unterstrichen, daß »alles loslassen« 1
erst erfolgen darf, wenn sich jemand die Grundeinstellung all-umfassenden Mitleids und selbstloser Hingabe erworben hat. Viele Menschen, die nicht zu den höheren Ergebnissen der Meditation durchdringen, scheitern deshalb, weil für sie diese Einstellung ein Dogma bleibt und nicht zur konkreten Praxis wird. Sie fassen ihr Gelübde als Ritual beziehungsweise Konvention auf. Aber ein Gelübde dieser Art besitzt nicht die Kraft, höhere Bewußtheit hervorzurufen.

Dann, und erst dann – Der Autor benutzt einen Ausdruck, 2
der die erwähnte Einstellung und das Gelübde als notwendige Vorbedingung für das Loslassen näher umschreibt.

Körper und Seele sind eine So-heit – Körper und Seele werden als Zusammenhang erfahren, der über jede Begrifflichkeit hinausgeht und deshalb nur als So-heit oder So-Sein beschrieben werden kann.

Keine Lücke zwischen Bewegung und Bewegungslosigkeit – Das höchste Ziel der Aufmerksamkeit bleibt dasselbe, ohne Rücksicht auf innere und äußere Bewegung bzw. Bewegungslosigkeit.

Sich absichtlich der Nahrung und des Schlafs zu enthalten 3
im Glauben, das seien nützliche asketische Übungen, führt in der Regel nur zu noch stärkerem Haften am eigenen aufgeblasenen Ich und beschädigt außerdem sinnloserweise den physischen Organismus. Es gibt taoistische Übungen des Fastens und der Schlaflosigkeit, die gefährlich sind und niemals von vernünftigen und gut geführten Menschen ohne geeignete psychische und physische Vorbereitung durchgeführt werden.

Ein ruhiger, aufgeräumter Ort – Ein Ort, der sowohl psy- 4
chisch als auch physisch »ruhig« ist: kein Zirkus von Vorstellungen in einer nur der Selbstdarstellung dienenden Halle.

5   Es ist gefährlich, diese Stellung zu forcieren. Westliche Modelle sportlichen Trainings und harten Wettbewerbs haben hier nichts zu suchen. Die Alten setzten sich nicht im Lotossitz, um sich selbst zu quälen. Die wesentlichen Einzelheiten der körperlichen Ausrichtung werden in Nummer 7 erwähnt. Übliche Meditationshaltungen sind auch: aufrecht auf einem Stuhl zu sitzen, stillzustehen, zu gehen oder auf der rechten Seite zu liegen.

6   Der Spitzbogen der Daumen und die Finger bilden eine Schleife. Dieses Symbol ist ein Zeichen für den Kosmos.

7   Sich nach vorne und rückwärts und nach rechts und links zu wiegen, soll dem Körper dazu verhelfen, ein ausgewogenes Gleichgewicht zu finden.

Ein *Stupa* ist ein buddhistisches Grab oder Reliquienbau. Stupas waren ursprünglich halbkreisförmige Hügel, wurden aber im Fernen Osten auch als Türme mit mehreren Stockwerken errichtet. Hier bezieht sich der Autor auf das Bild von einem mehrstöckigen Turm: Jedes Stockwerk trägt die darüberliegenden. Anfänger, die ihren Körper immer noch als feste Masse fühlen, können sich vorstellen, ein solcher Reliquienturm zu sein, um durch diese Visualisierung zu mehr Leichtigkeit zu kommen.

Eines der berühmtesten Bilder im Mahāyāna (Großes Fahrzeug oder Universeller)-Buddhismus ist ein Stupa, der vom Erdboden aufragt und keine Öffnung zeigt. Drinnen erblickt man einen alten, erloschenen Buddha, der auf wunderbare Weise doch noch lebendig ist. Daß sich der Stupa über den Erdboden erhebt, ist ein Bild für die »Aufrichtung« des inneren Potentials mittels der Grundübungen, etwa des bereits erwähnten Gelübdes. Dem Öffnen des Stupa entspricht, daß gleichsam »elektrischer Strom« durch das spirituelle Rückgrat und Gehirn geschickt wird. Denn das innere Potential ist degeneriert, wird nicht benutzt und ist sogar verschüttet, weil es von der konventionellen Erziehung und Ausbildung nicht angeregt wird. Es muß erst wieder geöffnet werden.

8   *Fayun Yuantong* war einer der hervorragendsten Chan-Meister der chinesischen Song-Dynastie.

122

Geisterhöhle im finsteren Gebirge – Ein Bild für Vergessenheit oder Aufgehen im Nichts; oft verwendet als Ausdruck der Verachtung für zwanghafte Konzentration und falsche »Leere«.

»*Schließlich vergeßt ihr alle Gedankeninhalte und gelangt ganz von selbst zur Einheit*« – »Schließlich« bedeutet, daß jede Eile hier von Übel ist. »Ihr vergeßt alle Gedankeninhalte und gelangt ganz von selbst zur Einheit« bedeutet, daß die Gewohnheit, an Inhalten zu haften, das Bewußtsein fragmentiert. Als »Inhalte« werden hier auch Gedanken und Empfindungen bezeichnet.   9

Viele Menschen betreiben Meditation auf pathologische Art – Das ist der Grund, weshalb meditative Praxis und Erfahrung unmöglich in Begriffen der Uhr- und kalendarischen Zeit bewertet werden können. Wenn Inspiration, Orientierung oder Methode nicht ausgewogen sind, werden die Fehler immer größer, je mehr meditiert wird.   10

Den Wind benützen, um Feuer anzufachen – Richtig ausgeübt, führt diese Meditation zur Benutzung einer natürlichen Fähigkeit, das dem Menschen innewohnende Potential zu entwickeln.   11

Wenn der Weg erhaben ist, sammeln sich die Dämonen – Durch Selbstzufriedenheit und Einbildung wird der Mensch besonders anfällig für Obsessionen. Und wenn jemand deutlich sichtbar etwas erreicht hat, wird er zur Zielscheibe des Neides und der Eifersucht. Siehe auch nächste Anmerkung.   12

Shūrangama-Sūtra (Heldenmarsch-Schrift) – Es handelt sich um einen von den chinesischen Chan-Buddhisten der nachklassischen Ära ab der Song-Dynastie sehr genau studierten Text. In dieser Schrift sagt Buddha: »Ihr müßt wissen, daß die erhabene Erleuchtung in allen Geschöpfen der verdorbenen Welt, die Substanz eines vollständig bewußten Geistes, nicht getrennt und nicht verschieden von derjenigen der Buddhas der Zehn Himmelsrichtungen ist.   13

Aufgrund der Fehler eurer falschen Vorstellungen, die der Wahrheit ermangeln, entstehen Wahn und Verblendung. Weil dadurch totale Illusion erzeugt wird, ergibt sich eine falsche Wirklichkeit. Durch unaufhörlichen Wandel der Illusion werden die Welten des Seins geboren. So sind alle Welten in den Vier Himmelsrichtungen, die nicht unverdorben sind, zahlreich wie Atome und werden durch Wahnvorstellungen, Unwissenheit und Falschheit bestimmt.

Ihr müßt wissen, daß der Raum selbst in eurem Bewußtsein entsteht wie ein Wolkenfleck am klaren Himmel, ganz zu schweigen von den Welten im Raum! Wenn ein Mensch die Wirklichkeit entdeckt und zur Quelle zurückkehrt, verschwindet der gesamte Raum in allen Zehn Himmelsrichtungen total. Also müssen sich dann die Welten im Raum ebenfalls in Nichts auflösen!

Wenn ihr Meditation übt und Konzentration entwickelt, sind die Erleuchtenden Wesen in den Zehn Himmelsrichtungen sowie die großen, unverdorbenen Heiligen alle miteinander verbunden, und tiefer Friede herrscht an dieser Stelle. Alle Dämonen-Könige, Geister, Gespenster und weltlichen Götter müssen dann zusehen, wie ihre Paläste ohne erkennbaren Grund einstürzen. Ihre Erde bebt und spaltet sich, jedes Geschöpf in ihrem Wasser und auf ihrem Land flieht und flüchtet, und alle sind zu Tode erschrocken.

Gewöhnliche, in der Finsternis lebende Menschen aber bemerken nicht die geringste Veränderung. Jene anderen jedoch, die Götter, Geister usw., verfügen alle über fünf Arten übersinnlicher Kräfte, nur daß ihnen die Kraft der Freiheit von aller Verderbnis fehlt. Da sie so fest an ihren Erfahrungen und Leidenschaften hängen, wie könnten sie zulassen, daß ihr ihnen ihre Wohnungen zerstört? Aus diesem Grund werden sie alle kommen: Geister, Gespenster, Himmelsdämonen, Teufel und Kobolde, um euch in eurer Konzentration zu stören.

Aber auch wenn die Dämonen in leidenschaftlichem Zorn wüten, so wirkt das auf euch in eurer erhabenen Bewußtheit wie ein Wind, der ins Licht bläst, wie ein Schwert, das durchs Wasser fährt. Sie treffen einander nicht. Ihr seid wie kochendes Wasser, sie wie festes Eis. Je dichter die Wärme heranrückt, desto schneller schmilzt das Eis.«

Tiantai-Handbücher des »Anhaltens und Sehens« – Unter dieser Bezeichnung werden vier Klassiker der buddhistischen Tiantai-Meditation zusammengefaßt, bekannt als *das Kleine, das Große, das Stufenweise* und *das Unfixierte Anhalten und Sehen.* Aus der Sicht der Klassiker des Tiantai-Buddhismus bedeutet »Anhalten« im Buddhismus des Fernen Ostens im allgemeinen »Anhalten der Verwirrung«, und »Sehen« bedeutet »Beobachten der Realität«. In den Tiantai-Handbüchern des »Anhaltens und Sehens« finden sich sehr konkrete Beschreibungen dämonischer Halluzinationen.

Guifengs Richtlinien – Guifeng Zongmi, der Mitte des 9. Jahrhunderts starb, war ein sehr produktiver Schriftsteller, der Werke über die ursprünglichen Lehren und die ursprüngliche Praxis des Chan-Buddhismus schrieb. Er gilt auch als Patriarch der chinesischen »Blumenschmuck-Schule« des Buddhismus. Der Großteil seines Werkes ist verlorengegangen.

Alle, deren Vorbereitung noch nicht genügt – Eine der Aufgaben der Meditationsliteratur ist es, das Bewußtsein auf die Erfahrungen – die authentischen und die eingebildeten – vorzubereiten, die es jenseits der Grenzen der gewöhnlichen Bewußtheit erwarten.

Im Sitzen zu sterben oder im Stehen hinzuscheiden – Von 17 vielen alten Meditationsmeistern wird berichtet, daß sie im Sitzen gestorben oder im Stehen hingeschieden seien, also ohne krank gewesen zu sein. Ihr Sterben war ein Akt des freien Entschlusses, mit dem sie alle Verlockung des Lebens und die zerstörerische Macht des Todes überwanden. Im Sanskrit heißt Nirwana auch *amrta*, was bedeutet: »der Zustand, in dem kein Tod ist«.

Was wollt ihr unternehmen, um eurem Karma gewachsen 18 *zu sein?* Karma bedeutet »Wirkung«; in Zusammenhängen wie diesem bezieht es sich speziell auf die Wirkungen von Vergangenheit und Gegenwart, die Bedingtheit durch Bindungen in Gegenwart und Zukunft erzeugen.

Der letzte Abschnitt der Schrift wird auf den ersten zurück- 19 bezogen, so daß sich der Kreis schließt. Dieses Schließen des

Kreises ist Symbol dafür, daß jetzt der Kreis der Instruktion vollendet ist und der Kreis der Anwendung beginnt.

Richtlinien zur Meditation im Sitzen

1 *Dringt etwas in euer Bewußtsein ein, so tut euer Möglichstes, es wieder hinauszuwerfen* – Es gibt viele Techniken, um den Einfluß der bedingten Gedanken zu brechen, doch lassen sie sich im allgemeinen in zwei große Kategorien einteilen, die den taoistischen Ausdrücken »Tun« und »Nicht-Tun« entsprechen. Die vorangegangene Abhandlung schilderte eine Methode, die mehr durch Nicht-Tun als durch Tun charakterisiert war, während die gegenwärtige Abhandlung mehr auf Tun abzielt. Trotzdem wird natürlich das entschlossene Tun, um die hypnotische Kraft des bedingten Denkens zu überwinden, nur zu dem Zweck ausgeübt, spontanes »Nicht-Tun«, als ein Aufhören des zwanghaften Denkens, zu erreichen, einen Zustand, in dem keine täuschenden Vorstellungen mehr auftauchen, selbst wenn sie nicht absichtlich unterdrückt werden.

2 Dieser Abschnitt spricht von den Übungen zur Entwicklung der Achtsamkeit. Der Übende soll auf das Wesen des Bewußtseins, das die Funktionen des Bewußtseins bedingt, achten.

3 Es ist sehr gut möglich, von Begriffen abhängig zu sein, ohne sich ihrer bewußt zu sein, selbst wenn man sich in einem Zustand befindet, der subjektiv als Konzentration ohne aufsteigende Gedanken erscheint. Aus diesem Grund werden bei der buddhistischen Meditation sowohl radikale direkte Introspektion als auch radikale analytische Introspektion angewandt, wodurch ein Standpunkt außerhalb der gewöhnlichen Subjektivität des Individuums gewonnen wird. Dieser Standpunkt bildet dann einen Ausguck oder ein Observatorium, von dem aus die Wirklichkeit in ihrer ganzen Ausdehnung überblickt werden kann.

4 *Das Unerschaffene* – Dieses Wort drückt die anfangslose Kontinuität des Unendlichen aus, ebenso den Zustand der Er-

gebung des Bewußtseins ins Unendliche, der keine täuschenden Bindungen an illusorische Gedanken mehr erzeugt.

Freude über die innige Verbindung mit der Buddhaschaft im 5 Innern ist die erste Stufe der Erleuchtung im Rahmen des umfassenden Schemas der Zehn Stufen. Siehe die *Blumenschmuck-Schrift*, Buch 26, 1. Teil.

Die Quelle der Verwirklichung der Erleuchtung ist die Identität von Bewußtsein, Buddha und allen Lebewesen – Dieser 6 Ausdruck der dreifachen Identität von Bewußtsein, Buddha und allen Lebewesen ist ein Schlüsselbegriff der *Blumenschmuck-Schrift* in den Lehren des Chan-Buddhismus.

Die Dinge »umstellen« bedeutet, sie bewußt zum Zweck 7 der Erleuchtung einzusetzen, statt von ihnen getäuscht und manipuliert zu werden. In der *Blumenschmuck-Schrift* steht: »Die Wesen lehren, die Länder lehren, alle Dinge aller Zeiten lehren immerfort, ohne Unterbrechung.«

Vimalakīrti ist der Hauptlehrer in der Schrift *Die Aussprüche Vimalakīrtis*, einem sehr wichtigen Text, der die Vereinigung von Nirwana und Samsara im Reich der Unvorstellbaren Erleuchtung lehrt.

Andernfalls geht ihr in alle Ewigkeit nur im Kreis – Die hier 8 gelehrte Meditation hat zum Ziel, die Kette aus gewohnheitsmäßiger Wahrnehmung, Denken und Verhalten zu durchbrechen.

Allgemeine Empfehlungen zur Meditation im Sitzen

Innere Arbeit und Verwirklichung sind Methoden, den Menschen in Harmonie mit dem Weg oder der objektiven Realität 1 zu bringen. Es sind Wege zum Weg.

Mühe ist wiederum nicht deshalb erforderlich, weil uns die 2 Quelle der Erleuchtung nicht verfügbar wäre, sondern weil es uns unsere eigenen subjektiven Bedingungen unmöglich machen, über die Erleuchtung durch die Quelle zu verfügen.

Sauberwischen: Der Prozeß der Reinigung des Bewußtseins 3 selbst, nicht der Versuch, Gegenstände zu entfernen.

4   In der *Schrift der vollständigen Erleuchtung* heißt es: »Vollständige Achtsamkeit ist mein Heiligtum.« Dieses »Warum« ist vielschichtig. Es regt nicht nur zur Praxis der Meditation an, wo wir auch sein mögen, sondern auch zur sorgfältigen Prüfung der inneren und äußeren Gründe oder Überlegungen, weshalb wir einen bestimmten Ort einem anderen vorziehen.

5   Hier wird die eigentliche Antwort auf alle obigen Fragen gegeben. Die Antwort liegt in den Fragen selbst, in der subjektiven Bedingtheit des Individuums. Denn es ist eben diese subjektive Bedingtheit, die die vom Autor der Schrift als Rahmen für die Rätsel dieser Fragereihe benutzten Wahrheiten filtert und konstruiert. Aus diesem Grund sollten die Fragen als nicht nur rhetorisch aufgefaßt werden.

6   Dieser Abschnitt enthält eine Warnung in bezug auf die Ereignisse, die im Anfangsstadium der Verwirklichung bei der in dieser Abhandlung gelehrten Übung auftreten können. Dieses Verfahren folgt einem bewährten Muster der Vorbereitung des Meditierenden, bevor er sich intensiv an die Arbeit macht.

Der Abschnitt bezieht sich auf das, was japanische Zen-Schüler *kenshō*, »Wesens-Schau«, nennen, die direkte, bewußte Erfahrung der Wesensnatur des Bewußtseins selbst. Dadurch entsteht ein Gefühl von Freiheit, das im Vergleich zur Enge des von seinen eigenen Funktionen und Erzeugnissen faszinierten Bewußtseins höchstes Erstaunen hervorruft und dem unerfahrenen Anfänger als absolut erscheint. Ein Großteil von Dōgens Arbeiten hat zum Ziel, Suchern bei der Überwindung dieses großen Hindernisses beim Zen-Studium behilflich zu sein, bei der Überwindung der Schwierigkeit, die entsteht, wenn »Licht direkt in eure Augen fällt«, wodurch der Betreffende geblendet wird.

Über diese Stufe hinauszugehen und *eine lebendige Straße der Befreiung zu besitzen* bedeutet, abstrakte Erleuchtung im konkreten Leben umzusetzen.

7   *Übertragung des Bewußtseinssiegels in Shaolin* bezieht sich auf Bodhidharma, den berühmten Begründer des Chan-(Zen-)Buddhismus in China, »der neun Jahre lang eine Mauer

angestarrt« haben soll. Mit diesem Ausdruck soll auf die Entwicklung eines nie zu störenden Bewußtseins angespielt werden. Dieses unbewegliche Bewußtsein wird als Mauer oder steile Felswand beschrieben.

Worte klauben und Aussprüchen nachgrübeln – Zur Zeit   8
Dōgens war den japanischen Priestern das akademische Studium des Buddhismus die Hauptsache. Sie betrieben es oft ohne die dazugehörige Meditation und Lebenspraxis.

Zurückkehren – Dies bedeutet Lösung der Verstrickungen ins Denken und seine Gegenstände.

Das Licht umstellen und zurückblicken – Dies bedeutet, innerlich zur Quelle des Bewußtseins hinzublicken, statt äußerlich den Erzeugnissen des Bewußtseins nachzugrübeln.

Körper und Geist werden ganz natürlich entleert – Die gewöhnliche Selbstbewußtheit wird entleert.

Ursprüngliche Verfassung – Das bezieht sich auf das reine Wesen des Bewußtseins und was es direkt erschaut.

Strebt nicht danach, ein Buddha zu werden – Subjektive   9
Wünsche, Phantasien, Einbildungen, Begriffe und Ambitionen, gleichgültig, wie erhaben sie sein mögen, können alle den Prozeß behindern.

Wie könnte es sich auf Sitzen oder Liegen beschränken? – Die wesentliche Technik ist mental und schließt keine irgendwie geartete Bindung an den Körper ein.

Noch einmal soll darauf hingewiesen werden, daß eine Forcierung   10
der Lotos- oder Halblotoshaltung mehr Schaden anrichtet als Nutzen stiftet. Denn dadurch wird die physische Ichheit nur gesteigert, nicht vermindert, und Energie wird eher vergeudet als klug eingesetzt.

Das ist die Übung des »Umstellens des Lichtes und Zurück- 14–15
blickens«, die in Nummer 8 erwähnt wird. Ausführlicher wird dieses Thema diskutiert in: Cleary, *Shōbōgenzō: Zen Essays by Dōgen* (Honolulu: University of Hawaii Press, 1986), Seite 9–13.

Nicht die Praxis des dhyāna – Das bedeutet, daß die hier ge- 16
lehrte Meditationsübung kein System streng definierter Stufen und Zustände ist. Sie ist vielmehr eine direkte Annäherung an

die Wesensnatur des Bewußtseins und Denkens und eine unmittelbare Wahrnehmung der Wirklichkeit.

18 Erhebt man sich aus intensiver Konzentration, ist es wichtig, Seele und Körper zunächst behutsam aus der Intensität ihrer Ausrichtung zu lösen, bevor man aufsteht.

20 Hier wird auf alte Zen-Geschichten angespielt, in denen Menschen auf buddhistische Art erwachten, als sie im Zustand eindeutig ausgerichteter Konzentration irgendwelche Gegenstände, Gesten oder Worte sahen bzw. hörten.

21 Diese Meditation soll ein Wissen erwecken, das durch konventionelles Denken nicht gefiltert und vorformuliert ist. Die Verteilung dieses Wissens geht deshalb auch nicht konform mit den Mustern, die normalerweise bei der Weitergabe abstrakten Wissens vorherrschen.

22 *Der Prozeß ... daß man normal ist* – In Zen-Begriffen bedeutet Normalität ein Bewußtsein in seiner ursprünglichen Unschuld, ohne die Wucherungen erworbener Denkgewohnheiten.

23 *West und Ost* – Das Erlebnis buddhistischer Erleuchtung kann durch kulturelle Unterschiede nicht behindert werden, da es nur dann stattfindet, wenn jede Gewohnheit des Haftens an bestimmten Weltanschauungen aufgelöst ist.

24 *Arbeitet einfach weiter im Sitzen* – Das kann wörtlich und auch bildlich verstanden werden. Die Menschen können alle möglichen Dinge als »spirituelle Übungen« betreiben, während sie doch in Wirklichkeit heimlich versuchen, sich zu zerstreuen, zu amüsieren oder sonstwie zu beschäftigen. Das griff zu Dōgens Zeiten ebenso um sich wie heutzutage. Die allgemeine Empfehlung lautet hier, nicht dieser Laune oder jener nachzujagen, sondern ruhig zu werden und in die Quelle all dessen zu blicken, was du bist.

25 Wenn du in die Quelle blickst, siehst du ohne Illusion und Vorurteil, was Sache ist.

27 Kontemplation der Vergänglichkeit aller Dinge gilt im allgemeinen als guter Weg, um das Streben und den Willen zur Erleuchtung zu stimulieren.

28 *Einen Elefanten mit der Hand spüren* – Das ist eine Anspie-

lung auf die alte Geschichte mit den Blinden und dem Elefanten, in der das Fragmentarische von Studien, die einer direkten
Wahrnehmung des Ganzen ermangeln, dargestellt wird.

Da wir so lange so gewesen sind, sollten wir auch so sein. 29
Die Buddhanatur ist das ursprüngliche Bewußtsein. Wenn wir
das Potential zum Erwachen schon immer besessen haben,
warum es dann nicht anwenden?

Geheimnisse der Arbeit am Bewußtsein

Die dreifache Welt – Das bezieht sich auf die bedingte Welt, 1
die aus drei Reichen besteht: dem Reich der Wünsche, dem
Reich der Formen und dem Reich der formlosen Abstraktio-
nen. Die buddhistische Erleuchtung schließt die Überschrei-
tung sogar des Reichs der Formlosigkeit in sich, um zu vollständiger Freiheit zu gelangen.

Dieser Abschnitt bezieht sich auf eine kontemplative 3
Übung, nicht auf eine metaphysische Lehre oder Glaubens-
überzeugung.

Dharma bedeutet Prinzip, Wahrheit, Lehre oder Realität. 4

Asketische Übungen ohne eigentliche Einsicht führen leicht 5
zu gesteigertem Egoismus und Aufgehen im eigenen Ich, was
doch gerade vermindert werden soll.

Der weltweit Geehrte ist ein Beiname des Buddha. 6

Linji war ein großer Meister des Chan-Buddhismus im China 12
des 9. Jahrhunderts. Eine der bedeutendsten klassischen Chan-
Schriften besteht aus einer Sammlung von Aussprüchen dieses
Meisters.

Glaube an die immanente Buddhanatur ist kein nur von an- 14
deren übernommenes Fürwahrhalten. Man kann ihn zwar, wie
in dieser Geschichte, auch schlußfolgernd ableiten, doch verwirklicht wird er nur als direkte Erfahrung.

Meister Guizong war einer der größten Chan-Meister der 15
Frühklassik im China der Tang-Dynastie. Er lebte Ende des
8. und Anfang des 9. Jahrhunderts.

Viele Menschen versäumen die Gelegenheit zu lernen, weil 17

sie ständig nach Demonstrationen Ausschau halten, die sie als Zeichen für spirituelle und Wunderkräfte betrachten.

18   Statt großartige Versprechungen zu machen, richtet der Autor die Aufmerksamkeit auf die Notwendigkeit, zu verstehen und sich vorzubereiten.

21   *Guifeng* – siehe Anmerkung 13 bei *Modelle für eine Meditation im Sitzen*

22   Buddhistische Weise setzen außergewöhnliche Kräfte nicht für persönliche Zwecke ein, sondern nur zur Erfüllung allen Menschen zugute kommender Gelübde.

23   Besonders dringlich sind Verständnis und Vorbereitung, wenn sich der Schüler mit verführerischen Vorstellungen, wie etwa übernatürlichen Kräften, beschäftigt.

24   Viele Menschen, die glauben, sie sehnten sich nach Erleuchtung, wünschen sich insgeheim nur Sensationen. Wenn diese ausbleiben, verlieren sie ihr Interesse am Weg, realisieren nicht einmal aus dem bisher Erlebten irgendeine Erleuchtung.

27–28   Siehe Anmerkung 6 bei *Allgemeine Empfehlungen zur Meditation im Sitzen*

30   Siehe Cleary, *Shōbōgenzō, Zen Essays by Dōgen*, Seite 10.

33   *Ihr seid in der Lage, täglich über zehntausend Unzen Gold zu verfügen* – Das bedeutet: Man kann in der Welt leben und in engster Berührung mit den Dingen der Welt diese auch einsetzen, ohne davon beeinträchtigt zu werden.

38   *Geistige Kräfte und feine Funktionen – Wasserholen und Holzschleppen* – Alle Handlungen sind Erzeugnisse einer letzten Endes unvorstellbaren Quelle. »Wasser und Holz« – oder das materielle Sein (Selbst und Welt), das man sich normalerweise vorstellt –, sind nicht spirituell und erhaben. Das Spirituelle und Erhabene ist das Lebendige, und dieses Lebendige »holt« und »schleppt«.

39–43   Der *Gesunde Seher* ist ein erhabener Bodhisattva (Erleuchtendes Wesen), der reines Mitleid zeigt und den man sich vorstellt, wie er auf die Schreie der Welt hört. Die Pforte des Gesunden Sehers zum Prinzip oder zum Geist ist, die Aufmerksamkeit auf das unaussprechliche Wesen in der Fähigkeit des »Hörens« zu richten.

Diese Reihe negativer Aussagen ist ebenfalls eine Meditationsübung, die aufmerksam und kontemplativ Schritt um Schritt durchgearbeitet werden muß. 47

Sechs Bahnen – Dieser traditionelle Ausdruck gibt einen Überblick über die gewohnheitsmäßigen Wege des Lebens. Die Sechs Bahnen sind: Hungrige Geister, die Gier und Verlangen versinnbildlichen; Titanen oder Antigötter – sie stellen Einbildung, Neid, Ressentiment und Haß dar; Tiere – Symbol für Unwissenheit und Wahn; Höllen – eine Mischung aus allem Bisherigen; Menschheit – Bild für soziales Gewissen und Moralität; himmlische Reiche – höhere Sittlichkeit und übersinnliche Zustände. Die Buddhaschaft geht noch über die erhabensten der himmlischen Reiche hinaus. 49

Wahrer Glaube – Hier wird sehr deutlich gemacht, daß Glaube im eigentlichen Sinn kein Begriff oder eine gewohnheitsmäßige Überzeugung ist, sondern Ausdruck einer Verbindung, wie schwach sie auch empfunden werden mag, mit dem Wesen der Bewußtheit und des Seins. 52

Fünf Bahnen der Existenz – Dieser Ausdruck meint dasselbe wie die Sechs Bahnen (Anmerkung 49), ohne die himmlische Bahn. Insofern ist »Fünf Bahnen« ein allgemeiner Ausdruck zur Beschreibung typischer Verhaltensweisen der Gewohnheit, des Zwangs und der Bindung. 55

Meister Gao war der große chinesische Chan-Meister Dahui Zong-gao, eine der großen Persönlichkeiten, die hinter der Wiederbelebung des Chan während der Song-Dynastie stand. Siehe meine Übersetzungen *Zen Lessons: The Art of Leadership* (Boston: Shambhala Publications, 1989) und *Zen Essence: The Science of Freedom* (Boston: Shambhala Publications, 1989), in denen über Leben und Aussprüche dieses Meisters ausführlich berichtet wird. 57

Übung des Ochsenhütens – Das Bewußtsein wird mit einem Ochsen verglichen. Die Aufgabe, das ungezügelte Bewußtsein zu zähmen, wird mit »Ochsenhüten« verglichen. 58

Jünger – Dieser Ausdruck bezieht sich auf Jünger des Buddhismus, speziell auf solche, die versuchen, die Leidenschaften zum Erlöschen zu bringen und das Nirwana zu erlangen. 61

62   Das ist die Maxime des Nicht-Tuns: Beharre niemals auf einem Impuls und denke einen Gedanken nicht weiter, so wird auch keine Tat erfolgen. Siehe »Tue nichts Böses« in meinem *Rational Zen: The Mind of Dōgen Zenji* (Boston: Shambhala Publications, 1993).

63   *Bereiche der sechs Sinne* – Die Kraft des Denkens, elementare Sinnesdaten zu organisieren, gilt ebenfalls als ein Sinn, als der sechste Sinn.

68   *Caoqi (Ts'ao-ch'i)* – Das bezieht sich auf den berühmten Sechsten Patriarchen des Chan-Buddhismus, der Anfang des 8. Jahrhunderts starb.

91   *Acht Winde* – Acht Einflüsse, die normalerweise auf den Menschen einwirken: Gewinn und Verlust, Lob und Tadel, Ehre und Schande, Freude und Schmerz.

      Drei Arten der Sinneswahrnehmung: angenehm, schmerzhaft, neutral.

93   *Auf Gras gelegte Steine* – Ein Bild für die Unterdrückung von Gedanken. Es verhindert zeitweise ein Wachstum, hält aber nicht vor.

98   *Das Geheimnis des einsamen Bewußtseins* – Das ist ein kurzes Werk des großen buddhistischen Schriftstellers Yanshou (9.–10. Jahrhundert). Yanshou war Meister der vier Hauptschulen des chinesischen Buddhismus und Patriarch sowohl der Chan-Schule als auch der Schule des Reinen Landes. Sein Werk war in Korea sehr einflußreich.

99   *Gute Freunde* – Buddha sagte: »Auf Reisen wandere mit Menschen, die besser als du oder zumindest dir ebenbürtig sind. Findest du keine solchen, gehe lieber allein. Reise nicht in der Gesellschaft von Toren.« Gute Freunde zu finden hängt davon ab, wie man nach ihnen sucht.

100   *Blinde Schildkröte, winziger Same* – Bei diesen Begriffen handelt es sich um traditionelle Bilder: einer wahren Lehre zu begegnen ist so selten, wie daß eine blinde Schildkröte mitten im weiten Meer auf ein Stück Treibholz stößt. Und es heißt, einem echten Lehrer zu begegnen sei so schwer, wie daß ein winziger Same, der hoch vom Himmel herabfällt, auf einer Nadelspitze auf der Erdoberfläche landet. Der Sinn des

Ganzen ist: Wenn ihr an dieser Abhandlung vorbeigeht, wann, glaubt ihr, findet ihr wieder eine solche Gelegenheit?

Die *Vier Realisationen* – Es handelt sich um das Erreichen 104 der vier Stufen individueller Befreiung: Eintritt in den Strom (der buddhistischen Bewußtheit), letzte Rückkehr (zur profanen Welt, bevor man sich von ihr löst), keine Rückkehr mehr und Eintritt ins Nirwana.

»Für Leute, die nicht selbst fragen, was zu tun ist ...« – Das 107 ist ein berühmtes Zitat von Konfuzius.

Hautsack – Der Ausdruck bezieht sich auf den physischen 112 Körper.

Aufgehen im Lichtschatz

Shōbōgenzō ist eine umfangreiche Sammlung von Texten, alle 1 von Dōgen Zenji, dem Zen-Lehrer des Autors der vorliegenden Abhandlung, verfaßt.

Reibungslose Durchführung unscheinbarer Übungen – Ein 2 sich auf eine im Wesen rein mentale, äußerlich nicht wahrnehmbare Praxis beziehender Terminus technicus. Der Einfluß der Übungen auf andere vollzieht sich also im Ätherbereich und ist durchaus vorhanden, obwohl er sich nicht in gewöhnlichen Begriffen ausdrücken läßt.

Drei Körper – Terminus technicus für drei Aspekte der Bud- 3 dhaschaft: den Körper der Wirklichkeit, der dem Wesen entspricht; den Körper der Freude, der dem Wissen entspricht; den Körper der Emanation, der der Handlung entspricht.

Vier Erkenntnisse – Der Ausdruck bezieht sich auf vier Aspekte des Buddha-Bewußtseins: Erkenntnis wie ein Spiegel, die die Dinge als solche sieht, unparteiisch, eben wie ein Spiegel, der alles, was vor ihn gebracht wird, reflektiert; Erkenntnis der Gleichheit, die die Dinge im Sinne ihrer universellen Wesensnatur sieht; analytische, beobachtende Erkenntnis, die die Dinge im Sinne ihrer individuellen Funktionen, Eigenschaften und Formen sieht; praktische Erkenntnis, die die Dinge im Sinne von Zusammensetzung und Wirkung sieht.

Zustände des Aufgehens, zahlreich wie Atome in jedem Aspekt der Wirklichkeit – Dies bezieht sich auf jede mögliche Erkenntnis, Bewußtsein, Wahrnehmung und Bewußtheit.

4   *Die Blumenschmuck-Schrift* – Alle Kapitel dieser Schrift, in der der Buddha ein himmlisches Reich besucht, sind besonders wichtig fürs Zen-Studium.

Der wie eine Lampe ist – Der Buddha Dīpankāra, ein alter Buddha, dessen Name »Lampe« bedeutet, im Chinesischen der Deutlichkeit halber oft mit »Brennender Lampe« übersetzt. Dīpankāra ist für die buddhistische Mythen-Symbolik besonders wichtig als der Buddha, in dessen Gegenwart Shākyamuni, Gautama Buddha, der historische Buddha, den Impuls empfing, unübertroffene, vollständige, vollkommene Erleuchtung zu suchen.

5   *»So habe ich gehört«* – Bezieht sich auf die traditionellen Eröffnungsworte in buddhistischen Schriften und meint die Wahrnehmung von Dingen, wie sie an sich sind, ohne subjektive Verzerrung der Wahrnehmung.

8–11   *Vairochana* – »Der Erleuchter« oder »der Große Sonnenbuddha« ist der Name des Ursprünglichen-Körpers-der-Wirklichkeit-Buddha im esoterischen Buddhismus. Im Blumenschmuck-Buddhismus ist Vairochana die transzendente Persönlichkeit des historischen Buddha und die Vergegenwärtigung der ewigen Erleuchtung der Buddhaschaft.

13   *Erwachen durch das Licht* – Siehe die *Blumenschmuck-Schrift*, Buch 9. *Mañjushrī* steht für Weisheit und Erkenntnis.

16   *Maitreya* – Der Buddha der Zukunft

20–22 Siehe *Blaues-Riff-Bericht* (Boston: Shambhala Publications, 1977), Kapitel 1.

24–28 Siehe *Blaues-Riff-Bericht*, Kapitel 86.

26   Siehe *No Barrier: Unlocking the Zen Koan* (New York: Bantam, 1993), Kapitel 45.

30   Siehe *No Barrier*, Kapitel 39.

38   *Geisterhöhle* – Ein technischer Ausdruck, im allgemeinen für das bloße Leermachen des Bewußtseins verwendet.

Sandkörnchen zählen – bezieht sich auf intellektuelle Wortklauberei ohne den Geist der Lehre.

Durch ein Papierfenster hindurchbrechende Moskitos – Rezitieren (»Summen«) ohne Verständnis.

Einen Erdklumpen im Schlamm waschen – Der Ausdruck ist 39 gleichbedeutend mit dem Versuch, illusionäre Gedanken durch begriffliche Überlegungen aufzulösen.

Changsha war einer der größten Meister der klassischen 40 Chan-Ära.

Kind aus reicher Familie, aber ohne ... – Alle Menschen be- 43 sitzen die fundamentale Intelligenz, die als Buddhanatur bekannt ist, sie sind aber im allgemeinen nicht in der Lage, darüber zu verfügen.

Manche dieser Wahnvorstellungen können extrem sein, 45 weshalb hier sehr deutlich auf sie hingewiesen wird. Der Leser soll darauf aufmerksam werden.

Eiserner Hammerkopf ohne Loch für den Griff – Ein traditio- 48 nelles Bild. Es meint in diesem Fall, daß zwar keine Möglichkeit besteht, das Licht zu ergreifen, daß es aber trotzdem wirksam ist.

Siehe *No Barrier*, Kapitel 19. 49

Puning Yong war ein Chan-Meister der Linji-Schule zur Zeit 59 der Song-Dynastie.

Yongjia – Ein Meister der Meditation des Tiantai-Buddhis- 65 mus. Er gilt auch als spiritueller Erbe des Sechsten Patriarchen des Chan. In den Zen-Schulen wird er »der erleuchtete Übernachtungsgast« genannt, da seine Bewußtwerdung schon so weit gediehen war, daß er nur einen Tag in Gesellschaft des Patriarchen brauchte, um sein Erwachen zu vervollständigen.

Nāgārjuna – Ein indischer buddhistischer Meister, der von etwa 100 v. Chr. bis etwa 100 n. Chr. lebte. Er gilt als der vierzehnte indische Ahnherr des Chan-Buddhismus und ist berühmt besonders für sein Werk über die Leere und die transzendente Weisheit. Siehe Keizans *Übertragung des Lichtes* (San Francisco: North Point Press, 1990), Kapitel 15.

Niedriger Mietling, Armenhäusler, Senkgrubenreiniger – Bil- 66–67 der aus der *Lotos-Schrift* (einer weiteren von Chan- und Zen-Buddhisten studierten Hauptschrift), welche Menschen bezeichnen, die sich der ihnen innewohnenden Buddhanatur entfremdet haben und so dem Äußeren versklavt sind.

73   *Shaolin* ist der Name eines Tempels. Hier wird auf Bodhidharma, den Begründer des Chan in China, Bezug genommen, der zeitweise im Shaolin-Tempel lebte.

76   *Vier Schulden* – Es sind die Pflichten, die man den Eltern, allen Lebewesen, der Gesellschaft und den Drei Schätzen schuldet (dem Buddha, der Lehre und der harmonischen Gemeinschaft).

77   *Caoshan (Ts'ao-shan)* – Ein Chan-Meister des 9. Jahrhunderts, einer der großen Lehrer der klassischen Chan-Ära. Siehe *Timeless Spring: A Sōtō Zen Anthology*, übersetzt von Thomas Cleary (New York: Weatherhill 1980).

95   *Baizhang (Pai-chang)* – Ein großer Meister der klassischen Chan-Ära, der die ursprünglichen Regeln auf Chan-Gemeinschaften zugeschnitten haben soll. Baizhang starb Anfang des 9. Jahrhunderts. Siehe *Sayings and Doings of Pai-Chang, Ch'an Master of Great Wisdom*, übersetzt von Thomas Cleary (Los Angeles: Center Publications, 1978).

98   *Samsara* – Im Chinesischen üblicherweise als »Geburt und Tod«, »Bewegung im Kreis« übersetzt, bedeutet dieser Ausdruck ein in immer gleichen Bahnen verlaufendes Dasein.

101   *Sieben Buddhas* – Bezieht sich auf eine Linie sieben alter Buddhas, wobei der siebte Shākyamuni (Gautama) Buddha ist, der historische Buddha. Diese Linie stellt die alten zeitlosen Wurzeln der Lehre dar, den buddhistischen Dharma.

107   *Sitzmeditation der Zwei Fahrzeuge* – Die Zwei Fahrzeuge (bekannt als »Hörer« und »die zur Bedingtheit Erwachenden«) sind Bahnen individueller Befreiung. Ihre Sitzmeditation bezieht sich auf ein Interesse am Nirwana als bloßer Beruhigung.

108   *Die leere Faust* – Buddhistische Lehren werden mit einer leeren Faust verglichen, die ein imaginäres Geschenk hält, um ein schreiendes Kind zu beruhigen. Das heißt, die Lehren sind lediglich geeignete Mittel, um eine bestimmte Wirkung hervorzurufen, kein absolutes Dogma, das als heilig an sich verehrt werden müßte.

Das ist der Grund, weshalb Chan-Meister in China den 110–112
Menschen immer wieder einschärften, ihre eigene Wahrnehmung zu entwickeln, bevor sie nach einem »Lehrer« als spiri-
tuellem Führer suchten.

Die Idee einer Laufbahn paßt nicht zur Erleuchtung.   118

Gespräch über die Grundlagen des Zen

Vergleiche diesen Abschnitt mit Nummer 1 bis 4 *Allgemeine*   1
Empfehlungen zur Meditation im Sitzen.

Glaubt nicht, sucht nicht – Die Meditationspraxis verlangt   8
ein totales Aufgehen in der Rezitation selbst, ohne Ergebnisse
vorwegzunehmen.

Töten – In der Ausdrucksweise das Zen bedeutet das, über   10
etwas hinauszugehen oder sich davon zu lösen.

Sieben Bewußtseinsarten – Der Ausdruck bezieht sich auf
die Bewußtseinsarten der sechs Sinne plus der Fähigkeit zum
Urteilen und zur Bewertung.

Eiserne Mauern – Bezieht sich auf die Beschränkungen des   21
Bewußtseins.

Polarberg – Der Ausdruck steht für den Schwerpunkt der
Oberfläche einer profanen Welt. Über den Polarberg zu gehen
bedeutet, »die Welt zu überwinden«, also frei zu werden von
der magnetischen Anziehung der Welt.

Viele Menschen geben offen zu, sie seien der Ansicht, daß   22,
familiäre und gesellschaftliche Pflichten sich mit Meditation   26
nicht vereinbaren lassen.

Wieder wird die starke Übung, über die Vergänglichkeit al-   23
ler Dinge zu kontemplieren, empfohlen, um das Streben nach
Erleuchtung zu entwickeln.

Zwei Wahrheiten – Die beiden Wahrheiten, absolut und re-   32
lativ, sind, daß Phänomene leer an absoluter Identität sind und
auf zeitliche, bedingte Weise existieren.

Der Mittlere Weg – Bezieht sich auf ein mittleres Gleichgewicht zwischen den Extremen, etwa der Leere und des Da-
seins, der Ablehnung und der Bindung.

40   *Energiemeer, Elixierfeld* – Die Ausdrücke beziehen sich auf zwei sensible Punkte im Körper unterhalb des Nabels, die in taoistischen Energieübertragungs-Systemen als Brennpunkte benutzt werden. Aber es ist nicht gut, sich zu intensiv auf einen bestimmten Punkt zu konzentrieren, außer zu besonderen Heilzwecken. Die allgemeine Vorstellung geht hier eher dahin, den ganzen Unterleib mit Energie zu füllen. Für spezielle Instruktionen an weibliche Übende siehe mein *Immortal Sisters: Secrets of Taoist Women* (Boston: Shambhala Publications, 1989).

44   *»Dem Eimer fällt der Boden aus«* – Der Ausdruck bedeutet, daß das Gefühl eines »Ichs« als festumrissener Wesenheit sich auflöst, daß die Begrenzungen des Egos verschwinden und das Bewußtsein befreit wird.

»Die alchemische Esse umstoßen« – Auf dieser Stufe steht die »Esse« für den Körper und »sie umstoßen« bedeutet, das Gefühl eines am Körper klebenden Körper-Ichs zu überschreiten.

In einem Augenblick Myriaden Äonen hinter sich lassen – Der Ausdruck bezieht sich auf ein von der zeitlich begrenzten Welt gelöstes Bewußtsein, also auch die Lösung von Vorstellungen über Zeit und Raum. Wenn das Bewußtsein an keine Weltanschauungen mehr gebunden ist, ist es frei.

Prajñātāra – Diese Gestalt gilt als der siebenundzwanzigste indische Ahnherr des Zen. Siehe *The Book of Serenity*, Kapitel 3.

46   Siehe meine Übersetzung von Dōgens *Bericht über gehörte Dinge*, (Boulder, Colo.: Prajna Press, 1980) Seite 71.

47   Siehe *Immortal Sisters* und meine Übersetzung von Chang Po-tuan's *The Inner Teachings of Taoism* (Boston: Shambhala Publications, 1986).

48   Siehe das Kapitel über Chang San-feng in meinem *Vitality Energy Spirit: A Taoist Sourcebook* (Boston: Shambhala Publications, 1991).

53   *Sechs Räuber* – Der Ausdruck bezieht sich auf die Gegenstände der Sechs Sinne, hier in ihrer Eigenschaft, den Menschen die Aufmerksamkeit zu »stehlen« und sie ihrer Energie zu »berauben«.

Vier Dämonen – Der Ausdruck bezieht sich auf vier Typen von »Dämonen« oder »Teufeln«, die »das Leben der Weisheit töten können«. Bei den Vier Dämonen handelt es sich um den Dämon der Körper-Seelen-»Klumpen« (Haftungsgruppen) – (Form, Empfindung, Wahrnehmung, Bedingtheit, Bewußtsein); den Dämon der Bedrängnisse (wie Gier, Haß, Torheit, Eitelkeit, Einbildung); den Dämon des Todes; den »himmlischen Teufel«, das heißt die Fähigkeit zu endloser Selbsttäuschung.

Drei Gifte – Gier, Haß und Torheit. 57

Fünf Verlangen – Verlangen nach den Gegenständen der fünf Hauptsinne.

Zen-Lehrer aller Zeiten haben viele Hinweise hinterlassen, 59–66 durch die interessierte Sucher in die Lage versetzt werden, Echtheit und Falschheit bei berühmten oder angeblichen Manifestationen der Zen-Praxis oder Zen-Lehren zu unterscheiden.

Elixier der Fünf Energien – Ein taoistischer Ausdruck für die 70 Konzentration, die Gerinnung, die Kristallisation der Energie. Die Zahl Fünf bezieht sich auf fünf Grundelemente oder Kräfte; sie zu konzentrieren oder zu kristallisieren heißt, die gesamte Körper und Seele zur Verfügung stehende Energie zu sammeln und zu speichern.

Yunmen – Einer der hevorragendsten chinesischen klassi- 81 schen Chan-Meister.

Ninagawa Shinuemon – Ein Freund und Schüler des berühmten japanischen Zen-Meisters Ikkyu.

Der Shōgun Takauji – Begründer der zweiten japanischen Militärdiktatur im 14. Jahrhundert, ein bekannter Schüler und Schutzherr des Zen.

Ein Mörser fliegt durch den Raum, die östlichen Berge wan- 94 *deln auf dem Wasser* – Die Ausdrücke beziehen sich auf den Bereich der Erfahrung, in dem alles unvorstellbar und doch evident ist.

Die tiefe Grube der Zwei Fahrzeuge – Der Ausdruck bezieht 96 sich auf eine Bindung an das Nichtgebundensein.

Die chinesische Kunst der Meditation in der Bewegung

Daß die chinesische Heil-
kunst, die eine lange Tradition hat, der westlichen in
vielen Bereichen überlegen
ist, ist auch im Westen aner-
kannt. Ihre Erfolge rühren
daher, daß ihre ganzheitliche
Behandlungsweise die
Gesamtkonstitution des
Menschen stärkt und damit
auch zur Vorbeugung von
Krankheiten beiträgt. Das Qi
Gong ist eine der ältesten
und wirksamsten Methoden,
alle Lebensenergien zu stärken und die Selbstheilungs-
kräfte des Körpers zu akti-
vieren.

Josephine Zöller
Das Tao der Selbstheilung
*Die chinesische Kunst der
Meditation in der Bewegung*
408 Seiten mit 479 s/w-Abb.
Ullstein TB 35483

Ullstein Taschenbuch

Ganzheitlich wohnen und leben

Die jahrtausendealte chinesische Kunst des Feng Shui findet mittlerweile auch in der
westlichen Welt immer mehr
Anhänger, da die Bedeutung
von ökologischem Planen,
Bauen und Wohnen für
unsere Gesundheit bekannt
ist. Dieses Standardwerk gibt
einen umfassenden Einblick
in die faszinierende Tradition
des Feng Shui und bietet eine
Fülle von Tips, Anleitungen
und Verbesserungsvor-
schlägen für ein Leben mit
den positiven Energien einer
natürlichen Umgebung.

Eva Wong
Feng Shui
*Die chinesische Kunst,
Lebensräume harmonisch zu
gestalten*
368 Seiten mit zahlr. Abb.
Ullstein TB 35732

Ullstein Taschenbuch